ANTI
MEDITACIONES

VICTOR AMAT

ANTI
MEDITACIONES

LO QUE MARCO AURELIO NUNCA TE CONTÓ SOBRE EL ARTE DE VIVIR

VERGARA

Papel certificado por el Forest Stewardship Council®

Primera edición: octubre de 2024

© 2024, Víctor Amat
© 2024, Penguin Random House Grupo Editorial, S.A.U.
Travessera de Gràcia, 47-49. 08021 Barcelona

Penguin Random House Grupo Editorial apoya la protección de la propiedad intelectual. La propiedad intelectual estimula la creatividad, defiende la diversidad en el ámbito de las ideas y el conocimiento, promueve la libre expresión y favorece una cultura viva. Gracias por comprar una edición autorizada de este libro y por respetar las leyes de propiedad intelectual al no reproducir ni distribuir ninguna parte de esta obra por ningún medio sin permiso. Al hacerlo está respaldando a los autores y permitiendo que PRHGE continúe publicando libros para todos los lectores. De conformidad con lo dispuesto en el artículo 67.3 del Real Decreto Ley 24/2021, de 2 de noviembre, PRHGE se reserva expresamente los derechos de reproducción y de uso de esta obra y de todos sus elementos mediante medios de lectura mecánica y otros medios adecuados a tal fin. Diríjase a CEDRO (Centro Español de Derechos Reprográficos, http://www.cedro.org) si necesita reproducir algún fragmento de esta obra.

Printed in Spain – Impreso en España

ISBN: 978-84-19820-47-1
Depósito legal: B-12.718-2024

Compuesto en Llibresimes, S. L.

Impreso en Huertas Industrias Gráficas, S. A.
Fuenlabrada (Madrid)

VE 20471

¿Alguien ha dedicado un libro al Aperol Spritz?
Yo si, este

LO BUENO, SI BREVE, DOS VECES BREVE

Si alguna vez has echado un buen polvo y ha sido más rápido de lo previsto, estoy convencido de que te hubiera gustado alargarlo. No soy un mentalista, pero sé que al leer la frase que titula este capítulo, ese perezoso cerebro tuyo tenía otro final: «Lo bueno si breve, dos veces bueno». Lo has escuchado tantas veces que no lo pones en duda.

Has de reconocer que la mayoría de la gente cuando le sueltan una afirmación que suena bien la acepta sin cuestionarla. Lo ideal, por el contrario, sería pensar primero y dilucidar después si eliges creerla. Si, has leído bien: tú decides si quieres tragártela.

Pero, lo que sucede en realidad es muy sencillo: muy poca gente lo hace así y por eso somos esclavos.

Estás cautivo por no pensar.

Esa es una pandemia más grave y fulgurante que la gripe. Está ocurriendo en todo el mundo occidental y cada vez es más fácil que nos comportemos como gilipollas en masa. Suelo preguntarme por qué venden tanto los gurús que proclaman a los cuatro vientos recetas infalibles para vivir la vida, y tiendo a encontrar pocas respuestas. La más fiable es que descubrir la peligrosidad de la existencia es peor que pasar por un campo de minas. Es por eso que, si no has madurado esa verdad en tu interior, aun teniendo cien años, vas a necesitar que tus «papás» te digan lo que has de hacer para ser buena gente.

Te voy a contar que eso es lo que hicieron hace muchos

siglos algunos filósofos, pensadores y, también, los poderosos; esto es, escribir reglas y preceptos para que podamos convivir y, también, para aborregar a la peña.

Adivina qué tienen en común nombres tan famosos como Marco Aurelio, Confucio, Pablo de Tarso, Mao, Hitler y hasta el psiquiatra guapo de tu barrio: todos tienen su libro de cómo debes actuar para no tener problemas.

Pretendo ser el grano en el culo de toda esa gente y he conseguido que te gastes la pasta en un libro que quiere volar las costuras de tu masa gris. Me gustaría que salgas de esa cómoda autopista de peaje mental por la que viajas y te pierdas por las pistas forestales de la reflexión. Sé que piensas que voy a ganar poco dinero con ese propósito, pero no tengo remedio. Quiero ser honesto y mi experiencia como psicólogo me ha enseñado que no debo decirte qué has de hacer con tu vida, ya eres mayor y no crees que la Tierra sea plana.

Descubrir el punto J

Aunque no lo encontremos ni con un letrero de neón anunciando dónde está, todos hemos oído hablar del punto G. Reconozco que es un tema interesante, pero no soy un especialista cualificado en este asunto. Lo que me mola a mí es hablar del punto J.

El punto justo.

Todo el mundo puede seguir las modas, como quien abraza farolas o árboles, aunque es bastante ingenuo. Ahora, ir de impasible se está poniendo en boga y voy a demostrarte que querer ir de tipo duro por la vida es tan gilipollas como ser una florecilla del campo que piensa que todo es maravilloso. Mi viejo solía decir: «Todos los excesos perjudican y hay que tener mesura hasta en la mesura», y estoy convencido de que hasta el más sabio de los pensadores estaría de acuerdo.

Ser impasible frente a las dificultades, actuar en modo justo y racional, es un discurso en alza, y para poder hablarte de esto, me he documentado mucho.

Presta atención a las siguientes frases que encontré en una página web a la que fui a parar al documentarme:

- «Vive sin miedo».
- «Rodéate de los mejores».
- «Lucha por tus sueños».
- «Afronta la vida con actitud positiva».
- «Domina tus emociones y busca la virtud».

¿Qué tienen en común?
Son frases extremas. No te permiten ubicarte en un lugar intermedio. Lo que te están diciendo es que, si tienes miedo, te rodeas de algún mediocre, abandonas un sueño o te levantas con el pie izquierdo, eres tonto de los cojones.

Pero esto no es así, nada es tan sencillo y la clave está en encontrar la medida correcta de las cosas. Soy sincero, alcanzar este nivel de conocimiento es un asunto difícil y por eso vendo menos libros que el vendehúmos de turno. Ser sabio es sacar adelante tus proyectos aun cagado de miedo, querer a tu gente, aunque no sean brillantes y esforzarte lo suficiente en lo que vale la pena. Si alcanzas ese objetivo, tendrás una buena vida. Por el contrario, si te zampas las recetas que encuentras por ahí sin pensarlas demasiado, sufrirás malas digestiones, te lo aseguro. Estoy harto de ver la diarrea mental que muestran las personas frustradas por albergar expectativas absurdas.

No dejes que te engañe el título del libro, no he escrito un ensayo sobre estoicismo. No soy tan sabio para meterle el diente a una filosofía tan antigua. La cuestión aquí tiene que ver con mi trabajo como psicólogo desde antes de que cambiáramos de milenio. Lo que quiero es que pienses.

Eso sí es radical.

Explorar versus creer

En esencia, te veo más como un científico explorador que como a un borrego en su rebaño, de modo que te propongo una investigación a través de algunos de mis pensamientos recopilados con el paso de los años. Déjame que te confiese que soy tan friki que cuando escucho o leo algo, le doy la vuelta y acabo apuntándolo. Siempre aparece en mi mente, como una maldición, lo contrario a lo que me dicen.

Antes, lo hacía en una libreta que siempre llevo encima, pero, de un tiempo a esta parte, lo apunto en la aplicación de notas de mi teléfono. ¡Menudo inventazo!

Quizá pienses que debo de tener mucho ego, pero llevo años escribiendo mis reflexiones. Así que se me ocurrió hacer una compilación de esos pensamientos en forma de aforismos, con la intención de detener tu mente por un instante. Soy fan de las citas y de los pensamientos que te dejan sin aliento. Y como adoro ganarme la vida juntando cosas que me gustan, aquí he mezclado el pensamiento crítico con frases ostentosas cargadas de mala leche. Te juro por los dioses del Olimpo que luego te cuento más sobre eso.

A mí no me hagas caso, no compres lo que te digo porque no deseo convencerte de nada. Con infinita humildad, te invito a derribar algunos mitos. En mis libros anteriores te llevé a las trincheras punk y, como los ensayos filosóficos suelen ser más aburridos que un ascensor sin espejo, quiero hacerte pensar mientras te partes el culo. Es la mejor manera de poner en forma a tu cerebro.

Tenemos chico nuevo en la oficina

El mundo de la autoayuda y el crecimiento personal es un ejemplo de cómo se adapta el marketing a los cambios de paradigma del pensamiento. El capitalismo es como el plástico en el mar, siempre flota. Durante décadas, lo que he llamado «pensamiento naif», heredero de la cultura hippy, ha imperado en el discurso del bienestar. Hemos tenido una psicología bienintencionada, con mensajes de perdón, agradecimiento y todas las zarandajas que recuerdan bastante a los evangelistas de antaño. El pensamiento y la actitud positivos han sido un terreno abonado para que no te quejes de las carencias sociales y te culpes de que las cosas te vayan mal.

Así que si no tienes dónde caerte muerto, eres un vago y no estás poniendo toda la carne en el asador.*

Pues bien, como el rollo *happy flower* va cambiando, ha llegado un forastero a la ciudad: el estoico 2.0.

Parece que si adoptas la fe de Zenón de Citio, que sobrevivió a un naufragio y montó una escuela de autoayuda hace dos mil trescientos años, ha habido un giro grande, ¿verdad? Puede que creas que siguiendo sus preceptos y los de sus seguidores, como Epicteto, Marco Aurelio, Séneca y otros más, ya no serás un ingenuo y te convertirás en un Steven Seagal del pensamiento, ¿no es así?

Vamos a examinarlo.

El estoicismo es una escuela filosófica que apela a la virtud, a la sabiduría a través de la razón y del control de las emociones. Para que nos entendamos, el estoico es alguien que sigue la máxima «Haz lo que está bajo tu control y sé impasible frente aquello que no depende de ti». La virtud para el estoicismo es la búsqueda del autoperfeccionamiento, tratar de ser un atleta de élite de la vida. A lo Rafa Nadal. Trata de que busques un ideal de ti mismo, el rollo ese de «sé tu mejor versión», vamos.

Si echas un vistazo rápido a los que promueven ese movimiento y sabes qué buscar puede que encuentres alguno bueno, pero si no eres experto, hallarás infinitas versiones machirulas de *Terminator*. En YouTube he visto a entrenadores de

---

* Aunque quede mal decirlo, si quieres saber más sobre lo que tengo que decir sobre estos temas, te recomiendo mis anteriores libros *Psicología Punk* y *Autoestima Punk*, ambos publicados por Vergara.

fitness animándote al estilo Clint Eastwood en *El sargento de hierro*, a nutricionistas buenorros diciendo que si eres obeso es porque quieres y no tienes cojones. He escuchado a expertos en seducción decir que ellas nos prefieren duros y sin corazón. Deben de ser mujeres con bajo coeficiente intelectual, que son las subyugadas por ese tipo de técnicas para idiotas. Bajo ese paraguas basado en el pensamiento clásico, puedes meterle la mierda que quieras. Dices una memez, lo pintas de frase de Séneca, añades un fondo de piano en un vídeo y a vivir del cuento

Te lo digo de otra manera: «Pasa de criptos, bro. Compra acciones de Estoicismo S. L. porque va a estilarse mucho en los próximos años». Frente al pensamiento fluido, ¡alguien tiene que poner la testosterona sobre la mesa! ¿Quién?

El chico nuevo de la oficina.

Triple flipe

Como no estoy haciendo un tratado sobre filosofía, voy a ser escueto para no marearte, el discurso estoico, aplicado a la vida cotidiana, propone tres ideas que tener en cuenta. Aquí te lo escribo para que se lo cuentes a tu tía:

1. Distingue entre lo que puedes controlar y lo que no
   - Pon atención a cómo reaccionas frente a lo que sucede.
   - Te estresas por pensar en el pasado y el futuro. Son aspectos de tu vida que no puedes cambiar.
   - Ejemplo: si tu tía se queda sin curro, puede mejorar

su formación y su currículum en lugar de agobiarse y pensar que estará en la ruina.
2. Cultiva la virtud
   - Tu felicidad y tu paz interior no dependen de los factores externos, sino de tu carácter.
   - Las cuatro virtudes que has de tener o eres más flojo que la gelatina de fresa del geriátrico de tu abuela son: sabiduría, justicia, coraje y templanza.
   - Ejemplo: dile a tu tía que lea filosofía a las cinco de la mañana mientras la ciudad duerme, puede ir a conferencias, asistir a encuentros filosóficos o apuntarse al *crossfit* del barrio para intercambiar conocimientos profundos.
3. Acepta lo que es
   - Acata la realidad, hasta las mierdas, sin juzgarlas ni tratar de cambiarlas. Sé impasible frente a ello.
   - Resistir lo inevitable te hará sufrir como un tocino.
   - Ejemplo: si tu tía se está divorciando de un pendejo, puede sentirse triste, pero sin obsesionarse con el pasado o culpar a su pareja. Ha de enfocarse en sanar sus emociones y construir una nueva vida.

¿Cómo se te queda el cuerpo? Nuestro recién llegado, henchido de sabiduría, nos ha dado tres claves *chiripitiflauticas* para que te conviertas en un marine de Estados Unidos de América pero con otro aguilucho en la bandera. Vigila que no te la quieran meter doblada porque esto es un más que flipe: es tres veces flipe.

¿La respuesta a Mr. Wonderful?

Si en algún momento has pensado que este tipo de pensamiento para tipos duros es la respuesta a Mr. Wonderful, eres más ingenuo que creer que un rey trabaja. En realidad, las propuestas del estoicismo, *grosso modo*, son la misma patraña que el *wonderfulismo*. Volvamos a tu tía, por ejemplo:

1. Tu tía no sabe o no puede distinguir las cosas que puede o no controlar. Es de las que piensa que su ex debería cambiar y ella se esfuerza para ello. No sabe dejar de pensar en el pasado y no puede manejar su futuro catastrófico en su mente. ¿Qué hacemos? ¿Le echamos una bronca? ¿Insistimos en que cambie porque es idiota?
2. Rota por el duelo, las emociones pueden con ella, está triste, se cabrea, etcétera. ¿De dónde sacas que tenga templanza, justicia y la valentía de Lara Croft?
3. No puede estar impasible frente al dolor y no puede ser justa porque la decepción nubla sus comportamientos.

Si a ella le sucede todo esto, te felicito, tienes una tía normal. Un ser humano que, frente al sufrimiento, se repliega y retuerce hasta que pueda asimilar lo ocurrido. Así de fácil, la hermana pequeña de tu madre es como tú y como yo, como Shylock, el personaje de *El mercader de Venecia*, la famosa obra de Shakespeare:

Y todo ¿por qué? Porque soy judío. ¿Y el judío no tiene ojos, no tiene manos ni órganos ni alma, ni sentidos ni pasiones? ¿No se alimenta de los mismos manjares, no recibe las mismas heridas, no padece las mismas enfermedades y se cura con iguales medicinas, no tiene calor en verano, y frío en invierno, lo mismo que el cristiano? Si le pican, ¿no sangra? ¿No se ríe si le hacen cosquillas? ¿No se muere si le envenenan? Si le ofenden, ¿no trata de vengarse? Si en todo lo demás somos tan semejantes, ¿por qué no hemos de parecernos en esto? Si un judío ofende a un cristiano, ¿no se venga este, a pesar de su cristiana caridad? Y si un cristiano a un judío, ¿qué enseña al judío la humildad cristiana? A vengarse. Yo os imitaré en todo lo malo, y para poco he de ser, si no supero a mis maestros.

Cambia la palabra «judío» por «persona», y ya lo tienes. Ser humano comporta algo que no puedes evitar: la vida te afecta. El pensamiento naif es creer que puedes superponer una emoción agradable a otra que no lo es. Esto no funciona así, si estás psicológicamente sano no puedes no sentir. Tratar de hacer eso es como pensar que el monstruo de tu habitación no te comerá porque te tapas con la sábana.

La mierda de la disociación

Una de las maneras de salir adelante cuando lo emocional duele a lo bestia es desconectarte de lo que está ocurriendo. Es como si pudieras salir del cuerpo para no sentir. Estás ahí, pero como si fueras de hielo, o cartón, y te sientes medio a salvo. Eso pasa en las experiencias traumáticas, cuando te enfrentas a situaciones críticas, accidentes, guerras, violaciones o maltrato. No hablo de que tu madre te dé un cachete por esconder una bola de carne masticada en una servilleta. Me refiero a cuando la vida te jode de verdad.

Disociarse es algo corriente, puede ayudarte en esos primeros momentos pero, si no integras lo vivido, es decir, si no aprendes a volver a conectar con lo que sientes, las consecuencias psicológicas de ello, para ti y los demás, son devastadoras. La disociación, cuando es la única opción para vivir, te vuelve majara de verdad.

Virginia Woolf, la gran escritora, sufrió abuso cuando era niña por sus hermanastros veinte años mayores que ella. En esa misma época, murió su madre, a la que adoraba. La situación traumática duró mucho tiempo, y a pesar de tratar de digerir lo ocurrido con la escritura, acabó tirándose al río envuelta en su abrigo lleno de piedras en un gélido mes de marzo. A sus siete años, al ver a su mamá agonizando, dijo: «La veo morir y no siento nada». Esas son las consecuencias de vivir disociado de ti mismo.

El asunto es sencillo de entender: te joden, duele mucho, te desconectas, sufres esa disociación, tratas de integrarla y lo logras. O no.

Este no es un libro sobre trauma, no voy a darte una charla con eso, pero quiero advertirte de los peligros de intentar que las cosas no te afecten. Verás, a la capacidad de salir adelante de una manera digna de una infancia o de un acontecimiento traumático los psicólogos la llamamos «resiliencia». Resiliente es la persona que no solo sobrevive a un palo tremendo, sino que logra digerirlo conectándose a sí misma. No es nada fácil, y hablar de esto me está dando ideas para otro libro. (Por favor, ¡que alguien me pare!).

Si has superado un divorcio, aunque lo pases fatal, eres una persona normal. Si has sobrevivido a tres años de asedio en Gaza y llegas a la costa italiana en patera después de ser violado y golpeado en la costa de Libia, eres resiliente. ¿Se ve la diferencia?

Mi amigo, el profesor de filosofía y psicología Carlos Javier González Serrano, autor del libro *Una filosofía de la resistencia*, vino a presentar su obra a Barcelona. Excelente orador, explicó muchas cosas sobre lo que lo llevó a escribirlo. En la ronda de preguntas, le pregunté su opinión acerca del auge del movimiento neoestoico y respondió lo siguiente: «Viktor Frankl, un psiquiatra que sobrevivió al campo de concentración, se refirió a la resiliencia para describir cómo superó esa desgracia en la que murieron sus familiares cercanos. Pienso que una sociedad que recomienda a la gente a tener resiliencia es un campo de concentración». ¡Hostia, qué frase!

Disociarse, tratar de negar el dolor y animar a alguien a que pase página sin elaborarla forma parte de una psicología de centro de exterminio, en la que el sistema trata de que no te quejes, que aguantes y revientes mientras te explota.

Mr. Wonderful con camiseta imperio

Pues bien, ya tenemos pintado el cuadro de la situación, la psicología *happy flower* ha intentado que, si estás mal, sien-

21

tas otra cosa. O lo que es lo mismo, «no tienes motivos para estar jodido, así que sonríe y agradece a la vida la oportunidad de aprender algo de esto», y el chico recién llegado a la oficina nos ofrece un discurso innovador: «No tienes motivos para estar jodido porque cómo reaccionas a lo que te pasa depende solo de ti. No sientas, y ya está».

Puede que quien logra estar disociado de sí mismo sea por una de estas razones, o ha sufrido graves traumas o es un psicópata, o ambas a la vez.

Te voy a decir una cosa y, si eres neoestoico o algo parecido, me vas a hacer *hate*. Estos gurús que te dicen que todo depende de ti, que seas tan impasible como John Wick frente al malestar, son Mr. Wonderful con olor a sudado. Diferente receta, pero mismos ingredientes.

Unos son paella y los otros, arroz con cosas.

Epicteto y el tío Tom

Epicteto fue un gran filósofo que vivió hace dos mil años. Nacido en Turquía, en la actual Pamukkale, vivió como esclavo durante mucho tiempo. Fue desarrollando su pensamiento a lo largo de muchos años, y no se sabe muy bien ni cómo ni por qué, su amo Epafrodito, lo liberó. La cuestión es que Epicteto se piró a Grecia y montó una escuela de filosofía, al estilo de Sócrates. Muchos romanos de la alta sociedad visitaron su escuela, por lo que se ha considerado que no fue demasiado crítico con la esclavitud. Realmente su biografía no es muy clara, pero se sabe que su dueño, por el motivo que fuera, lo mandó a estudiar con grandes filósofos. No parece que estuviera picando piedra, bajo el sol abrasador, en las canteras de mármol.*

Como en el libro de *La cabaña del tío Tom*, en la que Tom es un esclavo que está contento con su condición, no puedo dejar de pensar que Epicteto fue un esclavo favorecido. No estoy diciendo que algunas de sus ideas no sean buenas, solo pretendo que te des cuenta de que su experiencia de cautividad no fue la más común. Lo normal siendo esclavo es que te den bastante por saco, te peguen latigazos, violen a tu madre y destrocen tu identidad.

Marco Aurelio y la madre que lo parió

Si Epicteto fue un siervo poco común, ¿qué te voy a contar de Marco Aurelio? El bueno de M. A., además de filósofo, fue el puto emperador de Roma.

Ahí es nada.

En su libro *Meditaciones*** da un sermón que flipas sobre cómo debes manejarte por la vida y ser un ciudadano ejemplar. Se trata de un puñado de lecciones para ser un fulano

---

* El mármol de las construcciones romanas venía de diferentes puntos, de España, Argelia y Grecia, aunque el lugar más cercano de Roma era Carrara, que está a cuatrocientos kilómetros. Imagina la de gente que trabajaba y moría en la extracción, el transporte y la colocación de esas y otras piedras.

** Guiño, guiño. Ahora ya sabes el porqué del título de este libro.

23

virtuoso y cómo estar a la altura de la propia Roma. No sé qué opinas tú, pero yo veo ahí detrás intereses de la industria. Es uno de los libros de filosofía antigua más leídos porque a todo el mundo le pone cachondo que un emperador le susurre cosas al oído. Sin embargo, han pasado casi veinte siglos, y ese discurso está un poco enmohecido. Para que te hagas una idea, en aquellos tiempos no existía internet, estábamos lejos del Barça de Guardiola y, aunque no hemos avanzado mucho en materia de igualdad, los hombres de entonces no tenían baja por paternidad. La peña moría a espadazos y las consecuencias de todo ello eran brutales. Con esto te quiero decir que los tiempos han cambiado y que lo que me diga un rey sobre la vida de hace dos mil años necesita algunas revisiones.

«Yo soy Espartaco»

No sé si te gustan las películas antiguas. A mí me flipan. Tal vez porque soy un fulano entrado en años. Cuando era niño, mis padres me llevaron a ver la película *Espartaco*, la historia real de un esclavo tracio (algunos historiadores lo sitúan en la tribu maidoi, en Macedonia) que, tras convertirse en gladiador, lideró una revuelta de la hostia al reunir un ejército de esclavos que llegó a tener setenta mil almas. Es decir, en medio de un espectáculo de circo, donde tenía que matar a otro gladiador, se rebeló, y la lio parda, liberando pueblo a pueblo, a base de hostias, a todos los esclavos que pillaba. Con un par de cojones, Espartaco se convirtió en un caudillo que puso patas abajo a los romanos durante años. Dio unos buenos revolcones al ejército del Imperio y arrastró con su carisma a una verdadera legión de seguidores.

Luchó por conseguir la dignidad, el respeto y la libertad de esos cautivos, desgraciados de la vida. Esos son los valores que quiero representar.

Algún bocachancla dirá que Espartaco murió, junto a seis mil de sus compañeros, crucificado en la vía Apia, vencido y capturado por los ciento veinte mil soldados de Marco Licinio Craso, que era una especie de Florentino de su época. Rico, poderoso y con un ADN fusionado con el poder.

Pues te voy a decir una cosa. En la escena final de la película, dirigida por Stanley Kubrick, el pérfido Craso pregunta a los rebeldes capturados quien, de todos ellos, es Espartaco. Uno a uno, todos responden «¡Yo!».

Dijo Leonard Cohen que «a veces uno sabe en qué bando ha de estar, solo mirando a los que están en el otro lado». Y yo voy a decirte lo que solía decir mi abuela: «¡Vente *p'acá*!».

Voy a legarte mis pensamientos en forma de aforismos. Me gustan las frases que hacen pensar. Adoro ir de tío profundo y soltar frases contundentes que parecen sentencias, pero que buscan que tú les des significado.

No busco tener la razón.

Como esas pelis de final abierto en las que has de resolver tú si el asesino es malo de verdad, o si la víctima merecía lo que le pasó. Suele suceder que, frente a esos finales, hay disparidad de opiniones en la sobremesa. Cada uno puede llegar a un lugar diferente mientras divaga dándole sentido a una afirmación. Somos raros de cojones.

Muchos filósofos han usado este tipo de mensaje aforístico para hacerse oír, y yo no he querido ser menos. Voy de chulito al estilo «tipo sabio que te suelta un par de frescas para que te quedes pillado». El libro que tienes en tus manos no es para ser leído del tirón. Haz lo que quieras, ojo, pero lo he pensado para que lo leas en modo antibiótico, como máximo, tres veces al día. Lo ideal es uno cada doce horas, porque corres el riesgo de quedarte en la superficie de la reflexión, pero, si eres un ansioso, que te conozco, lo leerás del tirón, pero habrás de volver a él de vez en cuando.

Como esos desarraigados que se enfrentan a Craso, también soy Espartaco. Tú puedes decidir en qué lado de la acera quieres estar. Somos perdedores a medio plazo y el Imperio nos va a crucificar, te lo aseguro, pero formamos parte de la rebelión. Si tú eres la princesa Leia, o Luke Skywalker, no te voy a soltar la mano, pequeño *padawan*.

LO QUE TODO ESCOLAR DEBE SABER SOBRE LA VIDA

FRENTE AL FRACASO NO TE APRESURES A SACAR EL LADO BUENO, PRIMERO LÁMETE LAS HERIDAS Y LUEGO YA VEMOS

Vivimos en una época en la que no está bien visto mostrar tu dolor y tu frustración. La realidad es que cuando la vida duele, no has de correr para encontrarle el lado bueno. Una vez visité a una joven que había tenido un aborto espontáneo y estaba desolada. Aun así, su entorno la animaba diciéndole que era joven y que tendría otras oportunidades de ser madre. Como se hallaba inmersa en unas oposiciones, su pareja la alentaba a ver el lado positivo de la pérdida. «Así puedes estudiar tranquila», le decía.

Pienso justo lo contrario, tenía todo el derecho del mundo a experimentar tristeza y a la única cosa que la animé fue a llorar su pérdida. En pocas semanas, por fortuna, su ánimo mejoró, y con el tiempo me mandó una foto con un bebé en brazos.

Replegarse y tener en cuenta aquello que te daña es la mejor manera de salir adelante. Me gusta decirles a mis pacientes que de vez en cuando hemos de visitar el hospital de campaña para recuperarnos y seguir luchando.

TODO PASA POR ALGO, PERO A VECES HAY ALGÚN CABRÓN DETRÁS DE ELLO

La psicología *low cost* suele afirmar que todo lo que nos sucede tiene un significado oculto, una especie de tesoro que debes descubrir o eres idiota. Tengo la tendencia a verlo de otra manera, en muchas ocasiones es un tercero quien causa lo que nos sucede. Veo pacientes que soportan a un jefe cabrón o a un marido psicópata, entre otras posibilidades. No es lo normal, porque lo esperable es que tengas un jefe y una pareja estupendos, aunque no siempre sucede así. Si sabes a qué me refiero y has aguantado a un idiota, tienes derecho a lamentarlo.

HAY GENTE QUE PODRÍA DECIR COSAS INTERESANTES SI DIJERA LO CONTRARIO DE LO QUE DICE

Me sorprenden las banalidades que lanzan algunos «expertos», sean estoicos o no. Creen que eres idiota. Las redes sociales e internet han engendrado una legión de mediocres que disponen de un altavoz para manifestar sus disparates, pero no dejes tu cerebro en el cajón de las bolsas de plástico en la cocina.

Cuando un especialista te recomiende algo, podrías pensar «¿Lo opuesto a eso tiene sentido?».

Apelo a tu capacidad crítica y a tu imaginación.

LO CONTRARIO DE LA VERDAD NO ES LA MENTIRA, SINO LA CERTEZA

Estar en posesión de la verdad absoluta es el más grande de los errores. Cuando eres un crío, tienes la tendencia a creer en las cosas de manera irracional y completa. De niños nos aferramos a verdades porque necesitamos un entorno seguro. Crecer y madurar supone tener cada vez más recursos para sostener lo incierto. Con el tiempo no deberías estar demasiado convencido de nada. Si eres de los que se angustia frente a la incertidumbre, una buena recomendación sería valorar las diferentes posibilidades con más curiosidad que miedo.

EDUCAR ES INVADIR LA CABEZA DEL OTRO CON EL PRETEXTO DEL AMOR

Con la excusa del amor, invadimos el cerebro de los demás para educarlos en aquello que queremos que aprendan. No tiene por qué ser malo si eres consciente de los prejuicios y las creencias raras que pretendes instalar en cerebros ajenos. Dar por supuesto que estás en posesión de una verdad inmutable te convierte más en un idiota que en un padre. ¿Cuál es la solución? Ninguna, vas a hacerlo bastante mal, pero ser consciente de ello ayuda a los que te rodean.

ESTE ES EL SECRETO DE LA VIDA: RÍETE BASTANTE, PERO COMPROMÉTETE

En la vida o estás o no estás. Si decides comprometerte ten por seguro que tu biografía será más intensa. Las risas están garantizadas, pero ser como aquella cigarra del cuento y no sumergirte en proyectos, amores o crianzas es una vida desperdiciada y banal.

LO QUE ES NORMAL PARA LA ARAÑA, RESULTA MORTAL PARA LA MOSCA

Uno de mis profesores, cuando me formaba como psicoterapeuta solía advertirme: «¡Visto de cerca, nadie es normal!».

Espero que no caigas en la trampa de creer que aquello que resulta natural para ti lo es para el vecino. Recuerda que mi abuela decía que «Si pudiera hacer lo que tú, sería tú». Hay personas zurdas, bajas... ¡y hasta seguidores del Fary!

Creer que lo que tú piensas es para todos es de primero de *cuñao*.

LA FELICIDAD SE ATISBA ENTRE HORAS, ILUMINA A RATOS Y SE ESCURRE POR TUS DEDOS COMO LA ARENA FINA

El secreto de la felicidad es que resulta fugaz e inesperada. Si crees que lograr o poseer algo concreto te hará feliz, lo más probable es que no sea así, y, si te has de currar la dicha, al final te decepcionará un poco.

Alguien dijo que «la felicidad está en la sala de espera de la felicidad», y no le faltaba razón porque, a menudo, es mejor la antesala del polvo que este en sí.

El contraste entre la acción, los sinsabores, los aburrimientos y la suerte constituye la receta de una buena vida.

QUIERES QUE TUS HIJOS SEAN FELICES PARA VIVIR TRANQUILO, PERO RECUERDA QUE LA VIDA SE MENEA MÁS QUE EL ASCENSOR DE MI TÍA

Querer que tus hijos sean dichosos te honra, pero esconde cierto egoísmo.

A mí no me engañas. Que tus hijos estén bien te deja dormir tranquilo y obtener el reconocimiento de un trabajo bien hecho. Mi amiga Susana suele decir que ella no se quiere porque su prioridad es que no les falte nada a sus tres niñas. No podría soportar que una de las muchachas sufriera algún quebranto. Se deja la piel y se lamenta de las cosas que sacrifica para garantizar el bienestar de las chicas. Hay mucho orgullo tras exhibir esas muestras de amor y mucho miedo a que la vida les haga daño.

Lo normal es procurar el bienestar de los que amas, pero no conviene olvidar que la vida conlleva dificultades y dramas que todos debemos transitar. ¿Acaso eres tan naif que piensas que a ti el destino te respetará?

Estar preparado para una travesía movida es mucho mejor que acojonarse cuando aparezcan las primeras turbulencias.

LAS MEJORES DECISIONES SIEMPRE VAN ACOMPAÑADAS DE ALGÚN ACOJONE

Si eres inteligente, sentirás vértigo antes de tomar decisiones importantes. No te dejes engañar por los shorts de YouTube, la imprudencia suele disfrazarse de determinación.

Decía Kant que «tu inteligencia se mide por la cantidad de incertidumbre que puedes soportar». Darle vueltas a las cosas siempre esconde el miedo a cagarla. No dejes que se te pudran las decisiones de tanto madurarlas. El verdadero coraje es decidir andar por un camino aun estando cagado de miedo.

DEJAR TU SALUD MENTAL EN MANOS DE UNA APP ES COMO PERMITIR QUE CHUCKY TE MASAJEE LA ESPALDA

Te guste o no, somos víctimas del avance tecnológico. Los ingenieros de software pueden crear productos más absurdos que interesantes. Una conocida ha diseñado una aplicación de móvil con la pretensión de ayudar a las personas a manejar sus dificultades emocionales. Le cuentas a la app tus miserias y te receta una canción y una frase de autoayuda. ¿El futuro era esto? Algunas apps de tu teléfono son muy útiles, pero no deberías poner tu corazón, tu cerebro y tu tarjeta de crédito en manos de ese tipo de tecnología.

EL CAMINO A LA AMARGURA ES QUERER SACAR DIECES EN TODO

Tengo un amigo *headhunter*, un experto en recursos humanos que se dedica a seleccionar talentos para grandes empresas. Nunca contrata a un candidato con un expediente académico repleto de dieces.

«Alguien así no sabe relajarse ni priorizar, dos cualidades imprescindibles en un líder», suele decir. No tengo ni puta idea de liderazgo, pero tras más de dos décadas atendiendo a personas te aseguro que el sufrimiento por ser perfecto no tiene fácil solución.

Ser inteligente es saber en qué vale la pena sacar un sobresaliente y cuándo es suficiente lograr un aprobado. La búsqueda de la excelencia es un mantra capitalista que desemboca en que te dejes la piel en el trabajo sin estar nunca satisfecho.

LA AUTOESTIMA ES SABER QUE ERES SEXY AUN TENIENDO CELULITIS

La imagen ideal de uno mismo puede convertirse en la más letal de las prisiones. Querer ser tu mejor versión y no alcanzarla es la causa de la ansiedad y la depresión que sufren muchas personas en el mundo. Te sorprendería saber lo que los demás consideran atractivo y qué partes de tu personalidad destacaría quien te conoce. ¿La lucha que libras contigo hace que te sientas más energético o, por el contrario, te deja hecho una mierda?

Has de saber que el resultado de abandonar un combate que no vas a ganar es tu bienestar.

UNAS VECES SE PIERDE Y OTRAS TE MACHACAN

La psicología de la motivación *low cost* y el estoicismo a lo Marco Aurelio te invitan a que aceptes la derrota como un aprendizaje, a que te lo tomes como si nada hubiera pasado, controlando tus emociones. Eso puede funcionar a veces, pero a menudo las personas se enfrentan a la vida sin ninguna preparación. En mi etapa como boxeador aprendí que, si no sabes lo que haces, acaban dándote una buena paliza. Para asimilar una derrota, o un fracaso vital, has de saber cómo hacerlo. Si no tienes esos cimientos, tu casa caerá como la de paja de uno de los Tres Cerditos.

LAS MIERDAS DE LA VIDA NO SE SANAN, SE APAÑAN

Las heridas que te causa vivir no sanan en el sentido estricto. Cuando escucho en boca de un terapeuta la palabra «sanar» me dan ganas de sacar una pistola. Lo normal es que las heridas dejen cicatrices, y estas, aunque devuelvan a tu cuerpo su funcionalidad, siempre están ahí para recordarte que algo sucedió. Hay que reivindicar el apaño. Mi madre solía coserme los pantalones cuando se rompían por su uso, y esos remiendos le aportaban mucho valor a la prenda. Del mismo modo, si entiendes que las cosas dolorosas que suceden en la vida no van a disiparse de tu historia, podrás llegar a asimilarlas con dignidad.

NUEVO PROPÓSITO: DECIR «NO» Y AGUANTAR LAS CONSECUENCIAS

Sabes negarte, pero lo habitual es que te provoquen canguelo las consecuencias de esa negación. Muchas de las personas que he visitado me han dicho que les costaba horrores oponerse a los deseos de otros. Cuando pregunto siempre aparece el temor a ser rechazados o mal vistos. La cuestión no es aprender a decir «no», lo que vale la pena es saber aguantar la mirada amenazadora del otro.

CUALQUIER PARECIDO CON LA REALIDAD SE PARECE A LA REALIDAD

Aunque tu padre siempre te previno sobre las apariencias, cabe destacar que a veces estas dicen la verdad. Hay personas que te parecen gilipollas a primera vista y, con el tiempo, constatas su gilipollez. Si tienes un elevado porcentaje de aciertos en ello, debes fiarte más de tu intuición que de la sabiduría popular, y viceversa.

EL PERDÓN NO ANULA LA DEUDA, LA CONVIERTE EN INFINITA. ESTÁS PERMANENTEMENTE EN DEUDA CON AQUEL QUE TE PERDONA, Y ESO DA BASTANTE POR CULO

Al contrario de lo que se suele creer, el perdón no siempre libera. Cuando alguien te perdona, se coloca en una posición de superioridad moral. Algo como «Te perdono porque soy mejor que tú». Cuando eso sucede, la persona que ha sido absuelta puede sentir rabia y no agradecimiento. Ten en cuenta esta sutileza cuando te toque perdonar. Prefiero decir algo así: «Esto me ha dolido, pero valoro tu amistad». Ahí no hay indulto, sino voluntad de seguir adelante.

LO CONTRARIO DEL ÉXITO NO ES EL FRACASO, SINO EL ABURRIMIENTO

En la historia hay cagadas que se transformaron en ideas geniales. Partiendo de un fracaso se han conseguido grandes cosas. La industria farmacéutica se halla repleta de tratamientos fallidos que supusieron hallazgos para otros problemas; a esto lo llaman «serendipia». Cuando piensas que has metido la pata, encuentras una solución para algo de chorra. Parece que la Viagra, por ejemplo, se descubrió al usar el tratamiento en la cura de la angina de pecho. Los científicos se dieron cuenta de que los pacientes tenían erecciones con ese fármaco. ¿Ves lo que quiero decir? Cagarla en una cosa facilitó el éxito en otra.

Lo chungo de verdad es el tedio, no el fracaso. Cuando hablamos de relaciones o de salud emocional, el aburrimiento es el más tóxico de los venenos. Una pareja sosa, un trabajo rutinario o un proyecto demasiado previsible son mucho peor que una pareja, un trabajo o un proyecto fallidos.

LA CRISIS ES UNA OPORTUNIDAD PARA LOS PSICÓPATAS

¿La crisis esconde una oportunidad?
Y un carajo.
Lo que mi experiencia vital me ha demostrado es que, en periodos de apuro, parece normal que haya muchos perjudicados. Durante la pandemia de COVID, millones de personas se vieron afectadas. ¿Quién salió beneficiado de todo ello? Te lo voy a decir: políticos de medio pelo que colocaron mascarillas diez veces por encima de su valor e industrias que se beneficiaron del contexto para vender tratamientos de dudosa eficacia a escala planetaria. Ya eres mayor para tragarte ese soniquete de la oportunidad, en una crisis las malas personas hacen su agosto y la solidaridad se disuelve en el aire.

EL DOLOR PUEDE SER CRÓNICO, EL ORGASMO NO

Vivir me ha demostrado que el placer es fugaz y que, por el contrario, el dolor y el sufrimiento pueden ser duraderos. Mira a tu alrededor y podrás ver que hay muchas más personas que sufren que las que están estupendas. Parece que la naturaleza está de acuerdo conmigo, puesto que los médicos tratan con personas que tienen dolor crónico, pero ingresarían en un hospital de salud mental a quien dijera que vive en un eterno éxtasis orgásmico.

EL DESEO GANA A LA VOLUNTAD

Hay que ser muy gilipollas para apelar a la voluntad y contenerte cuando quieres algo de verdad. Si revolotean en mi cabeza las ganas de comerme un cruasán de mantequilla, aun sabiendo que no me conviene, me lo acabo zampando.

He alcanzado esa edad en la que todo lo que me gusta me sienta mal, así que trato de imponer mi voluntad para no ingerirlo. Dicho sea que fracaso nueve de cada diez veces. Sirve para todo, si te prohíbes algo, lo haces irresistible en tu mente. En mi consulta lo veo a saco, una de cada dos personas que atiendo tratan de imponerse a sus deseos intentando no desear. ¡Qué ingenuidad!

GRAN PARTE DE LA BELLEZA DE UNA PERSONA ESTÁ EN SUS HERIDAS

Hace años atendí a una muchacha que tenía una cicatriz en el labio superior de la boca. Le causaba mal rollo, pues se miraba al espejo y no podía dejar de ver ese defecto en su cara. El 99 por ciento de su rostro era perfecto, pero ese 1 por ciento restante la enloquecía. Hablamos un rato y me contó que había tenido varios amantes y otras tantas parejas. Le pregunté qué era lo que ellos destacaban de su belleza. Me dijo que todos la habían besado en esa costura de su boca, atraídos por la marca que la hacía única.

Así es la vida, tratas como loca de ocultar tus defectos, tus heridas, tus puntos oscuros y olvidas que son el barniz de tu alma.

QUIEN BIEN TE QUIERE TE HACE LO QUE QUIERAS

Mi padre solía darme alguna bofetada. No tenía mucha paciencia y, aunque estoy convencido de que me quería, me hubiera gustado que lo hiciera de otras maneras. Me decía de vez en cuando eso de «Quien bien te quiere te hará llorar».

Los cojones.

Debería ser de otra forma, quien sabe quererte te dará aquello que te irá bien. No me refiero a que te doren la píldora o a que te dejen hacer lo que te dé la gana. Hablo de una empatía inteligente en la que el otro sabe cómo sacar de ti lo bueno, lo importante. También en el amor romántico, quien te quiera bien te hará lo que quieras.

CUANDO HABLAMOS DE HIJOS, A LA MIERDA CON LOS PLANES QUE TENGAS. ¡QUIÉRELOS Y CIERRA MÁS LA BOCA!

Querer a los hijos es un acto de pasión y también de desapego. Si eres madre, o padre, has de saber desprenderte de las expectativas, de cómo pensaste que serían tus hijos. Los cabrones son como son y debes quererlos así. Educarlos hará que te enfrentes a lo que hagan, pero no a quiénes son. Si no los aceptas, no les haces ningún favor. Recuerdo a una madre que trajo a mi consulta a su hija de doce años, venían de parte de una conocida nutricionista que les recomendó mi ayuda para que la nena bajara de peso. La niña era una estupenda criatura de doce años. Puede que tuviera un poco de sobrepeso pero, en todo caso, era mucho menor que el de su madre. Cuando hablé con ellas, me confesó que llevaba a la niña desde los ocho años a su dietista porque consideraba que era «gordita». Me contuve para no decirle a esa madre: «Parece que no te gusta tu hija, si quieres adelgazar, hazlo tú». Pensé que no debía soltarle algo así a una persona en la consulta. Me excusé para ir al baño y, al volver, le respondí algo que nunca olvidaré. Se lo dije así, palabra por palabra: «Parece que no te gusta tu hija, si quieres adelgazar, hazlo tú y deja tranquila a tu hermosa niña de doce años».

Siempre me he preguntado por qué nunca volvieron.

SOLO SE PUEDE SER FELIZ SIN ESFUERZO

Esforzarte en ser feliz es la manera más sencilla de despeñarte por el abismo de la desolación. La felicidad, por su propia naturaleza, es espontánea. Hay quien se siente feliz mirando una fila de hormigas en el prado y existe aquel que, a pesar de contar con la bendición de los astros, es un amargado de la hostia. Saber vivir bien la vida se relaciona con no forzar las emociones ni los sentimientos. Es como besar a alguien atractivo pero con halitosis. Te va a costar obligarte a disfrutarlo.

A estas alturas de la película, seguro que sabes que la felicidad es tan efímera como la floración de un cactus en el balcón de tu abuela.

NO ES LA CARGA LA QUE TE ROMPE, SINO LA RELACIÓN QUE TIENES CON ELLA

Tienes derecho a romperte cuando sea. ¡Solo faltaría! Es más, no es raro que se quiebren hasta los más fuertes. Manejar las dificultades parece más una cuestión de flexibilidad que de fuerza. Ahora bien, una vez te ha alcanzado el palo en la cabeza, debes saber recomponerte aunque sientas el cuchillo atravesándote la piel.

Todos conocemos a alguien que lleva con dignidad su propia desgracia y, si le preguntamos, nos dará su receta para la resignación. No obstante, somos diferentes y cada uno de nosotros se maneja como puede con lo que le acontece. Esta relación, entre lo que nos sucede y lo que hacemos con ello, es única y determinará cómo lo lleves. Mi trabajo como psicoterapeuta consiste en ayudarte a entender esa interacción y a entrenar algunos aspectos de tu flexibilidad emocional para que puedas hacer la guerra sin quebrarte la espalda como si fuera cristal.

HAY COSAS QUE ME HACEN SENTIR IMPOTENTE Y NO HAY VIAGRA PARA LAS INJUSTICIAS

En ocasiones ser psicólogo no me sirve de nada. Los atropellos me joden y creo que no voy a cambiar eso. Me gusta que las injusticias me sigan alterando. No puedo soportar un mundo tan desequilibrado en el que algunos pendejos abusan de su poder. La rabia frente a ello me hace sentir vivo pero impotente. Resulta frustrante y lo peor es que no hay un tratamiento eficaz para ello. Un admirado profesor solía decirme que tuviera cuidado con la terapia porque mata la revolución. El objetivo de una buena terapia no es que seas feliz, sino que tengas una cantidad adecuada de malestar que te permita hacer cambios.

EL OXÍMORON MÁS GRANDE QUE HAY, RIVALIZANDO CON «INTELIGENCIA MILITAR» ES «BANCA ÉTICA»

Los filósofos sofistas defendían posiciones contrarias en un discurso para persuadir a la audiencia. Podían estar, por ejemplo, de acuerdo con el aborto y en su contra en una misma tertulia. Eran los *copywriters* de antaño.

El marketing es el nuevo sofismo y los falsos argumentos, como la sonrisa de un político antes de las elecciones, están a la orden del día. En un mundo que transcurre a velocidad vertiginosa, te tragas sin pensar un montón de mierda. Cosas como que Starbucks es una empresa ecológica porque te sirve un café de nueve pavos en un vaso de cartón reciclable, o que un coche eléctrico es más respetuoso con la ecología que mi pequeño Dacia. La manera en la que puedes defenderte es ampliando tu capacidad de reflexión. En el tiempo de la inteligencia artificial, lo necesario para no ser un gilipollas natural es aprender a pensar.

LOS HECHOS RIVALIZAN CON LAS EMOCIONES Y PIERDEN

El auge de algunos partidos políticos está relacionado con la capacidad de sus asesores para movilizar tus emociones. Te indignas al ver el desahucio de una anciana, la muerte de una foca o la carita desnutrida de un chiquillo. Eres fácil de manipular, cariño. Puedes acabar votando a un partido que limite las libertades de todos sin darte tiempo a reflexionar si los hechos que te muestran son reales y coherentes con el contexto. En la eterna lucha entre la emoción y la razón, no tengas dudas en saber quién gana. Una de mis pacientes sufría al tener que elegir entre dos hombres. Uno era atento y cariñoso y el otro, un empotrador profesional.

La razón le decía que eligiera al primero, en su lista de pros y contras el buen tipo lo tenía todo a favor. Sin embargo, acababa siempre enredada entre los brazos del sátiro, un Valmont que, como en *Las amistades peligrosas*, la abandonó en una esquina igual que a un juguete roto.

En el choque entre lo que ocurre y cómo te sientes con ello, no te creas tan listo; lo emocional determinará tu elección.

TODA GENEROSIDAD TIENE ALGO DE EGOÍSMO

Hace un tiempo leí un reportaje de una conocida gurú de la felicidad en el que mostraba su colaboración con una ONG en un país africano. Era un artículo enternecedor, con fotos maravillosas, de esas que podrían salir en la revista ¡Hola!

La mujer refulgía con elegancia en un marco de pobreza. Más allá de la incongruencia entre hacer el bien de forma pública y notoria, considero que detrás de los actos altruistas se esconde el deseo de sentirse mejor persona. Recuerdo una gran frase de Rajoy en la que dijo: «Una cosa es ser solidario, y otra es serlo a cambio de nada».

Con esto no pretendo demonizar la generosidad, lo que digo es que me sobra la publicidad.

QUERER ES QUERER Y PODER ES PODER

No me he equivocado.
Ya eres adulta y sabes que no siempre querer es poder. Hay veces en que anhelas algo con intensidad y te quedas con las ganas. Como aquel orgasmo que, tras mucho anunciar su llegada, luego te hace *ghosting*. También suele ocurrir que pudiendo hacer algo no lo quieras llevar a cabo. Podrías dejarle tres mil pavos a tu hermano ludópata, pero no lo harás ni borracha de flores de Bach. He aquí lo importante de la frase: lo que está claro es que cuando quieres, quieres. Y cuando puedes, puedes.
Lo que hagas luego es tu decisión.

LO ÚNICO FÁCIL EN ESTA VIDA ES DEBER DINERO

Opino que en este mundo en el que nos ha tocado vivir lo más fácil es consumir. Productos, alimentos, relaciones...

Todo es desechable, la obsolescencia programada ha llegado para quedarse, pero he de confesarte una cosa: lo que está más allá del consumo cuesta mucho. Me explico, la vida no es fácil, cuidar de las personas tampoco, ni ser honesto, ni ganarse la vida, ni mantener una relación de pareja, ni criar a tus hijos.

Todo lo que vale la pena cuesta. No dejes que te digan que tienes derecho a nada sin dejarte la piel. Si fueras mi paciente, que no lo eres, te diría que te acostumbres a tener agujetas en el alma. La vida es como una entrenadora personal que no tiene piedad, forzará tus músculos hasta que no puedas más. Solo así, podrás crecer.

LA IMAGINACIÓN SIEMPRE ES MÁS IMPORTANTE QUE LA LÓGICA

Si te has imaginado alguna vez algo aterrador, sabes bien que tratar de pensar de manera racional no es una buena opción. Suelo trabajar con personas que tienen miedos paralizantes, a contaminarse, a tener enfermedades, a que algo terrible les suceda a sus seres queridos. Lo normal es que traten de calmarse y tranquilizarse pensando que esas cosas no han ocurrido o no ocurrirán. El miedo, no obstante, es más fuerte que la razón. También en lo positivo, la fantasía puede ser más poderosa que la lógica. Alguien soñó que se podía volar en un artefacto más pesado que el aire y, contra todo pronóstico, logró ver las nubes desde arriba. La lógica racional está sobrevalorada. Nadie elige a su pareja, por ejemplo, pensando en que combina bien con sus ojos o que tiene un diseño que le facilita caminar con ella por la calle. Aunque esa persona tenga la cara torcida, se convierte en tu *crush* sin saber por qué. Cualquier cosa puede enamorarte porque eres más raro que la hostia.

Mira a tu alrededor y te darás cuenta de que casi nada de lo que ocurre tiene sentido.

DE LO DE LA CAL Y LA ARENA NUNCA HE SABIDO CUÁL ES LA BUENA. ME PARECEN IGUAL DE MIERDAS

Si eres albañil debes conocer cuál de las dos es la buena. Yo no tengo ni idea.

Tal vez el éxito en la vida esté en la combinación de ambas. En alguna playa es preferible la arena, y si quieres ocultar un cadáver, la cal. Evitar lo desagradable asegura tu supervivencia, así estás diseñado. Pensar en negativo y estar alerta para protegerte de los rayos o de ser devorado por un murciélago radiactivo es lo más natural.

Pensar lo peligroso que está encubierto en lo cotidiano es muy saludable. Eso sí, en lugar de paralizarte, debería motivarte a investigar. El psicólogo George Kelly definió al ser humano como científico. Nos sorprendemos, asustamos, padecemos y nos alegramos, pero nuestra curiosidad no tiene límites. Si eres humano, explora. Ten cuidado con los peligros, pero mueve el culo.

DICEN QUE DORMIR MAL DESTRUYE NEURONAS.
¿SABES QUÉ LAS DESTRUYE? LA VIDA

Hoy en día hay un movimiento a favor de dormir ocho horas como mínimo. Si no lo haces, se te considera un gilipollas desde la perspectiva científica.

Dicen que nuestro cuerpo debe descansar profundamente para regenerarse. Hay estudios que demuestran que sin dormir bien tus neuronas se dañan y se destruyen.

No soy tan científico, la verdad. Tampoco soy tan sabio como para saber lo que es dormir ocho horas seguidas, pero deja que te diga una cosa: lo que destruye tus neuronas es el paso de la vida. «Cuanto más viejo, más pellejo», decía mi abuela.

También sirve para el cerebro.

LA VIDA ES APRENDER A DESPRENDERTE DE LOS SUEÑOS

Aferrarte a los sueños forma parte de un discurso que te lanza al desencanto. Con el devenir de los años, lidiarás con duelos y pérdidas. Se habla poco de los duelos acerca de aquello que no lograrás. Confundimos la pérdida con la *anemoia*, la nostalgia por lo que no has vivido y tal vez no vivirás. La pérdida, al contrario, es dejar de tener algo que poseías.

Madurar supone ser capaz de ir soltando algunos de tus sueños para poder saborear lo que tienes. No seas como el asno que nunca alcanza la zanahoria, por favor. Mi padre solía decir que «siempre hay un gilipollas con un coche mejor», lo soltaba con tono amargo porque en el fondo nunca dejó de desear un vehículo más bueno que el que tenía y que no podía pagar.

LA VIDA SON MIERDAS, LO DEMÁS ES INSTAGRAM

No te dejes engañar por las sonrisas de cartón que se ven en las redes sociales. La ley debería obligar a lo que llamo «el post compensatorio». Por ejemplo, si alguien muestra un éxito, que enseñe de inmediato una cagada. Eso sería muy beneficioso para la salud mental de las personas. Hay quien cree que esos seres perfectos que lucen en internet son reales, que no cometen errores, pero algo muy probable es que su vida esté llena de mucha mierda.

La existencia humana tiene más espinas que la valla de Ceuta y, cuanto antes incorpores este hecho desgraciado a tu vida, mejor vivirás.

UNA CICATRIZ ES UN LUGAR EN QUE EL DOLOR, CON EL TIEMPO, HACE COSQUILLAS

Las heridas necesitan tiempo para curarse, pues hay que respetar su periodo de cicatrización. Cuando algo te daña, es posible que tu entorno te anime a seguir adelante, a no darle importancia a lo sucedido o a tratar de sacarle un aprendizaje a lo acontecido. Nada más lejos de la realidad. Las heridas duelen, paralizan, y para que sanen hay que hacer las cosas bien. El tiempo, si las curas son adecuadas, te ayudará a convertir el dolor en un recuerdo. Un cuerpo con cicatrices nos indica que ha estado expuesto al sufrimiento y, por tanto, la sensibilidad de esa zona ha cambiado. Cuando pasas con suavidad un dedo por ella, la evocación de la herida te devuelve un cosquilleo.

ALGUNAS COSAS EN LA VIDA SON SERIAS.
SE PUEDE JUGAR AL FÚTBOL, PERO NO AL BOXEO

Algunos gurús te invitarán a tomarte la vida como un juego. Lo llaman «gamificación» y es una gilipollez. Nadie puede proponerte jugar a elegir cómo te has de sentir. Esto no funciona así, te sientes como te sientes, y no es nada fácil cambiarlo. Decía Einstein que «Dios no juega a los dados con el universo». Todo tiene un recorrido, un proceso que hay que sobrellevar y, en algunos casos, las cosas son tan serias que no puedes tomarlas a la ligera.

Si juegas al *Uno* entre amigos, pierdes cuatro garbanzos (o billetes de cien euros si te gusta apostar fuerte); si te ocurre boxeando, te rompen la nariz.

HAY PERSONAS TAN PERFECTAS Y FRÍAS COMO UN CONCIERTO DE DIANA KRALL

En el año 2000 descubrí a la cantante Diana Krall. Su voz susurrante y su suave ritmo de jazz me hipnotizaba. La escuchaba a todas horas, imaginando que era una mujer tan cálida como sus canciones. Unos años después vino a Barcelona para un concierto y no me lo perdí; sin embargo, parte de mi inocencia se quedó en la butaca del auditorio. Lo hizo perfecto, cantó cincuenta minutos, se levantó y se fue. Sin bises, no hubo saludo, solo una ejecución inmaculada. No podía enfadarme porque se supone que pagamos la entrada para verla y escucharla susurrar sus melodías, pero me faltó fuego y alegría. Algunas personas perfectas y frías están muy bien en un quirófano o en la portada de *Vogue*. Para todo lo demás, me gusta la gente apasionada que la caga de vez en cuando.

PUEDES OPINAR, PERO NO QUIERAS ENCIMA TENER RAZÓN

Los que desean ser libres siempre están en mi equipo. Puedes opinar y discutir, pero no quieras que te dé la razón. Las redes sociales son un lugar donde todos queremos decir lo que pensamos y, aunque las personas son respetables, todas las opiniones, no. Si opino en un foro de fútbol, lo hago desde la pasión, no desde el conocimiento. Mi opinión es menos válida que la de cualquier entrenador de tercera regional. No te flipes, di lo que quieras, pero ser consciente de que no tienes ni puta idea del 85 por ciento de las cosas de las que hablas debería ser obligatorio.

LA OBLIGACIÓN DE SER FELIZ DISIPA LA FELICIDAD

Un amigo dice que el infierno es un lugar donde sabes que se folla los martes y jueves de diez a once. Cuando algo se convierte en una obligación suele perder interés. Uno de mis hijos, grafitero en su adolescencia, sacaba unas notas terribles. Como le gustaba tanto pintar se me ocurrió sugerirle que estudiara Bellas Artes o Diseño.

Me dio una lección de vida al responder: «¡Qué dices!, ¿pintar por obligación? ¡Estás loco!». Así sucede también cuando te obligas a ser feliz.

QUERER SEGURIDAD EN LA VIDA ES EL INFIERNO

Es normal que aspires a la seguridad. Tener una vida, un trabajo, un amor y unos hijos estables sería maravilloso, ¿verdad?

Maravillosamente aburrido.

La búsqueda de la seguridad te hace sentir vulnerable y esto a su vez provoca que desees más seguridad. Es un bucle diabólico. La vida resulta inestable e insegura por naturaleza, ¿qué me vas a contar? Vi morir a un vecino al que le cayó una olla de macarrones en la cabeza. Era una posibilidad entre cien millones y, aun así, sucedió. Veo a diario a personas que sufren tratando de controlar de antemano que nada terrible ocurra. No estoy diciendo que vivas despreocupado, al contrario, las cosas pueden suceder. Y, aun siendo científico, te recomiendo confiar en el destino. Cuando conduzco mi Dacia por las carreteras del país doy un voto de confianza al resto de Conductores y espero que no choquen conmigo. ¿Tengo la certeza de que no ocurrirá? No, pero dejo un 30 por ciento de mi suerte en manos de los astros.

LA VIDA ES LO QUE PASA FUERA DE LOS PROTOCOLOS

Los médicos tienen un protocolo para los pacientes que llegan a su consulta desbordados por la ansiedad. No es un mal protocolo, me guste o no. El 60 por ciento de las personas que lo siguen suelen mejorar. Desde mi experiencia como psicólogo, suelo atender al 40 por ciento restante al que el protocolo de marras no le hace ni cosquillas. Como comprenderás, este porcentaje de personas que sufren ansiedad es altísimo. Toda esa multitud queda fuera de los protocolos y esta idea me sirve para la vida en general. Como humanos buscamos que las mierdas de la vida sean predecibles, pero lo que nos hace sufrir de verdad es aquello que queda fuera de lo previsto.

Mark Twain decía que había sufrido mucho por cosas que nunca llegaron a pasar; a mí, y a muchas personas más, me ha sucedido lo contrario, he sufrido por las cosas que no creí que pasarían.

Jamás seré tan listo como Twain, pero tampoco soy gilipollas.

NO QUIERAS UNA RUTINA, ELIGE UNA RUTA

La vida rutinaria es letal, como un veneno que acaba contigo. Hasta las personas que se entrenan con pesas cambian de rutina de vez en cuando porque, si no, los músculos no rinden mejor.

La rutina te estanca.

Eso no quiere decir que cambies aquello a lo que deseas llegar. Eso es una ruta, un camino. Lo lógico es que este sea cambiante en función de muchas variables y una vida rica es aquella en la que te ajustas a los inconvenientes que puedan surgir.

LA VIDA ES TAN SENCILLA QUE DA ASCO

Freud dijo que todo lo que una persona necesita es amar y trabajar. No me parece una receta complicada. Cuanto más lío quieras meterle al asunto, más probabilidades de cagarla tienes. Tener en cuenta que la muerte es el más cierto de los destinos, tratar de ser útil a la sociedad y amar a los que valen la pena es un recordatorio que deberías tatuarte en el pubis.

LA REALIDAD ES UN JUEGO DE APARIENCIAS

Si piensas que lo que ves conforma la realidad, no es que seas ingenuo, sino un poco gilipollas. Lo que observas a tu alrededor es todo lo que los demás aparentamos. El verdadero enfermo sería aquel que se mostrara del todo, el que no ocultara nada. ¿Te comportas en sociedad como te da la real gana o «mientes» para facilitar la convivencia? Si lo haces tú, lo hacemos todos, así que ¿de dónde coño sacas eso de que la realidad existe?

UNA DE LAS COSAS QUE CAUSAN MÁS PROBLEMAS EMOCIONALES ES CREER QUE TIENES DERECHO A SER FELIZ

Aunque algún país bienintencionado haya escrito en su Constitución que sus ciudadanos tienen derecho a la felicidad, a mí me parece una memez que va a hacerte sufrir. ¿Y si para ser feliz debo joder a otros? ¿Qué sucede con el derecho de los demás? Con respecto a esto, otra cuestión que me inquieta es «si tengo derecho a ser feliz, ¿debo hacer algo o me llegará la iluminación?». Me pregunto si el asunto central es ganarte la felicidad o que te la den.

EL TRUCO ESTÁ EN APRENDER A HACER COSAS AUN CON MIEDO

Si esperas a que se te pase el miedo cuando has de hacer algo, lo llevas claro. El temor es un compañero de viaje del que no te vas a librar ni con agua caliente. De hecho, aquellos que predican que es posible ser feliz todo el rato y que puedes alcanzar tus sueños son casi psicópatas. Volviendo al tema, lo importante de verdad no es la ausencia de miedo, sino la proporción de temor que requiere cada circunstancia de la vida. No quieras una libre de miedo, busca la sabiduría para tener el canguelo justo. Con el temor que toca, enfrentar las mierdas es muy gratificante. Desde luego es mucho mejor que creer que eres una basura porque haces cosas acojonado.

El premio es hacer, aunque sea con miedo.

LO QUE LEES PARA AUMENTAR TU AUTOESTIMA SUELE SER UN COMPENDIO DE GILIPOLLEZ HUMANA

No dejo de leer disparates acerca de quererte más. Por supuesto, aprender a tenerte en cuenta, si no lo haces nunca, es algo interesante. Cuídate de los libros que te animan a recitar mantras del tipo «Priorízate», «Sé tu mejor versión» o «Solo podrás amar si te amas a ti primero», porque van a destrozar tu alma. Una mujer me dijo que amaba a sus hijos más que a su vida. Pensé que yo también, pues no me imagino de la mano de ellos en la puerta de la cámara de gas diciendo «Me quiero más, gaseadlos».

Lo jodido es luchar contra esto, sentir que haces algo por otro sin querer hacerlo. Como suelo decir, todos tenemos alguna pelea interior, y la autoestima es que haya pocas lesiones en ella.

EL SECRETO DE UNA BUENA VIDA ESTÁ EN SABER SER VULNERABLEMENTE RESISTENTE

Ser igual de dura que una piedra te generará ciertos problemas, tanto relacionales como del manejo de las emociones. Por otro lado, si te pasas de vulnerable, el sufrimiento también te dará por saco. La solución no se halla en encontrar un punto medio, algo muy difícil de hacer. Lo bonito en la vida es mezclar las cosas, lograr contigo una verdadera fusión de culturas. Me gustan los híbridos y por eso te propongo vivir en un oxímoron. Ser resistente y a la vez vulnerable se parece mucho más a la realidad. Una mujer que había tenido cuatro hijos me dijo una vez que se sentía una cobarde por haber dejado un empleo abusivo, creía que tenía que haberse dejado la piel y que carecía de coraje.

¡Coño, coraje es dar a luz a cuatro hijos hoy en día y salir adelante!

DEMASIADAS VECES, CUANDO SE CIERRA UNA PUERTA TE DA FUERTE EN LAS NARICES

Escuché una conversación de tapadillo en un bar. Confieso que soy un cotilla. Dos mujeres de unos cuarenta años hablaban acerca de una ruptura sentimental que había padecido una de ellas. La otra, a modo de resumen, dijo: «Bueno, Laura, cuando se cierra una puerta, se abre una ventana». Viendo cómo sufría la abandonada pensé que, en este caso, la puerta le había dado en las narices.

MADURAR ES APRENDER A PERDER UNAS COSAS DECIDIENDO OTRAS

La vida es un juego de toma de decisiones. Decidir supone elegir un camino y perder la posibilidad, en ese momento, de tomar otros. Algunos sufren porque quisieran poder decidir sin perder nada, ¡nos ha jodido!, el juego no es ese. Es como aquellas personas que miran el menú de un restaurante excelente y dudan al elegir, porque saben que si pillan el bacalao no podrán comer entrecot. Intentar persuadir al otro para compartir cada plato es la opción que te deja a medias de todo. Bueno, estoy divagando, lo importante es que toda elección que te lleva a un destino conlleva el duelo de los lugares que no escoges.

LA VERDADERA PERFECCIÓN RESIDE EN SABER CUÁL ES LA EXCEPCIÓN ADECUADA

Saber que algo no toca es mejor que saber mucho. Si toda regla tiene su excepción, el verdadero maestro será el que pueda cuestionar la ley de manera correcta. Discutí una vez con un afamado coach que proponía agitar las vidas de sus clientes. Me detalló las técnicas que usaba y algunas me parecieron arriesgadas. A la pregunta «¿Sabes cuándo no deberías usar esa técnica?» no supo responder, y eso me hizo pensar lo peligroso que es desconocer cuál es la excepción adecuada en cada caso.

EL MEJOR REGALO ES AYUDAR A OTRO A QUE SE AYUDE A SÍ MISMO

En mi experiencia como psicólogo estoy hasta el gorro de ver cómo, con la mejor intención, muchas personas sufren tratando de ayudar a los demás. Una chica de veintisiete años, por ejemplo, sufría al ver a su hermano desorientado en ese momento de su vida. Él no acababa de encontrar qué hacer con su vida, mientras ella lo alentaba a buscar universidades y a mirar planes de estudios. Como hermana mayor, le recomendaba y lo sermoneaba a menudo. Un día, harto, el hermano la mandó a cagar. Ella se sintió dolida porque no entendía que el chico no aceptara su ayuda.

«¿Por qué te metes?», le pregunté, y ella me respondió que quería ayudar.

Grábate esto en la mollera, la vida te va a dar mil oportunidades de que ayudes a los que quieres, dejando que ellos se ayuden a sí mismos. La incondicionalidad no es hacerle una comida de cojones a tu hijo, sino ayudarlo a recoger cuando te deja la cocina hecha una mierda al darle la vuelta a la tortilla de patatas.

SOÑAR NO TE LLEVA A NINGÚN LADO, MOVILIZA MÁS UNA BUENA PATADA EN EL CULO

Mucho se habla de perseguir tus sueños y poco del bulevar de las frustraciones. Desear cosas es humano, y pensar que lo que quieres se puede lograr parece muy excitante. Lo que a menudo ocurre, no obstante, es que te quedas en la cama soñando sin más. No está mal como divertimento, yo suelo soñar que vivo en los lugares que visito, y por un momento he tenido vidas alternativas en cuarenta países diferentes. Pero sigo en mi barrio. ¿Sabes cuándo me he movido? Cuando se me acababa el contrato de alquiler o era necesario un cambio. Sentir en mis nalgas el zapato de la vida me ayudó a hacer mucho y bien.

ES MÁS SABIO BUSCAR UNA VIDA SATISFACTORIA QUE FELIZ

He hablado muchas veces sobre la trampa de la felicidad. En realidad, no has de hacer nada para sentirte feliz, basta con estar de acuerdo con lo que ocurre. Te sugiero que trabajes en lo que consideres una vida satisfactoria, recordando que nada es perfecto. Mi amigo Juan pensaba que tener un coche de alta gama lo haría feliz. Le costó una pasta y, cada vez que iba al concesionario para revisar el carro, tenía que vender su sangre a un prestamista siciliano para poder pagarlo. En un par de años, ese coche con nombre de mujer le resultó una carga demasiado grande. La moraleja es «Compra un coche que puedas pagar con holgura», eso es lo satisfactorio en realidad.

LA VIDA CONSISTE EN UN POCO DE BIOGRAFÍA Y MUCHA IMAGINACIÓN

García Márquez dijo que la vida no es lo que te ocurre, sino cómo lo cuentas. A mí me han sucedido muchas anécdotas y he tenido la suerte de poderlas contar. Como tengo ADN andaluz, siempre le echo una *miajilla* de picante. No miento, pero nutro el relato.

La historia que te cuentas tiene mucho de elegida. A ver cómo lo explico en pocas palabras. Por supuesto, hay hechos que han ocurrido. Sucede también que, de todo lo vivido, seleccionas algunas de las cosas que pasaron para darles más o menos relevancia. Si sufriste por un padre que no estaba muy presente, por ejemplo, tenderás a recordar escenas de tu pasado en las que eso ocurrió. La psicoterapia busca que puedas también mirar en tu interior aquellas en las que, a lo mejor, sí estuvo. Eso sirve para enriquecer la historia de tu vida. Tu cerebro no es perfecto y bien podría olvidar algunos aspectos porque no cuadran con tus creencias. Hay una porción de ese relato en la que un puñado de imaginación le da brillo a tu pasado.

Cuando echo la vista atrás y percibo lo vivido, acabo destacando aquello que me interesa y siento que tengo una historia entretenida.

SOBRE SER Y ENGAÑARSE A UNO MISMO

HAY QUIEN MEJORA TANTO QUE ES MUCHO PEOR

La mejora continua pretende que alcances «la excelencia». En principio suena bien y no tiene muchas sombras, pero cuando quieres perfeccionarte empiezas a sufrir. Si te inunda la angustia por un avance global que no llega, redoblarás tu esfuerzo. Eso desgasta, y la contradicción está servida. Cuanto más te quieres adornar, peor lo pasas.

La chica con curvas que cayó en un trastorno de conducta alimentaria, el famoso cantante negro que quiso convertirse en un blanco perfecto o un sujeto que desea ser un alienígena a base de absurdas cirugías.

Ser sabio significa descubrir que te pasas de listo antes de que sea tarde.

Si yo fuera tu abuela, que no lo soy, te diría: «Lo mejor es enemigo de lo bueno».

LA VIDA ES UN INFIERNO CON UN MAR DE INTERROGANTES

Voy a descubrirte algo que puede envenenarte: las dudas. Sí, ya sé que interrogarse resulta un signo de inteligencia, es verdad. Pero cuando las preguntas no tienen respuestas fiables, acabas por hacerte más. En una ocasión un paciente me contaba las dudas que sentía sobre su relación de pareja. Reflexionar sobre el asunto lo alejaba de los sentimientos. Quería saber si estaba lo bastante enamorado y había entrado en un bucle de cuestionamientos estúpidos a los que no podía responder.

«Si la quiero, ¿por qué miro a otras personas? ¿Será la mujer de mi vida? ¿La quiero tanto como ella a mí o soy un farsante? ¿Un hombre honesto le diría que la quiere sin saber si es verdad?».

Una de las peores sensaciones que puedes experimentar es la incertidumbre. Hay que joderse, porque no hay nada seguro bajo el cielo. Recuerda aquel cerdo que vivía como un rey hasta que llegó la fiesta de San Martín. Lamento decirte que todos tenemos la muerte al acecho, por eso los humanos no podemos vivir en la seguridad absoluta de que todo irá bien.

Los que quieren tener certezas padecen, y los que viven aceptando que su existencia es frágil lo pasan bastante mejor.

SI VAS DE AUTÉNTICO, NO SÉ..., PARECES FALSO

Nadie puede ser del todo auténtico, sin fisuras. Cuando te veas frente a un personaje que te diga lo genuino que es, ponte alerta.

Un líder no necesita un curso de liderazgo. Una superdotada no precisa de una asociación de genios que la valide. Por la misma regla de tres, los individuos únicos no tienen que hacer nada para demostrarlo.

Isaac Newton dijo que le parecían más auténticas las historias de la Biblia que las personas. ¡Qué exagerado!

LA FINALIDAD DE QUE TENGAS UNA MENTE ABIERTA ES LLENARLA CON COSAS QUE VALGAN LA PENA

Si bien es cierto que hay una corriente alrededor de llenar el estómago con comida saludable, no sucede así con la cabeza. Si sigues la moda de no tomar alimentos ultraprocesados, azúcar refinado y frutas transgénicas, ¿por qué te intoxicas de youtubers ultraprocesados, oradoras refinadas y expertos en psicología transgénica?

Mola tener la mente abierta, pero vigila lo que entra ahí. Podría acabar indigestándote y provocándote diarrea mental.

NO TIENES LA OBLIGACIÓN DE VER EL LADO POSITIVO DE ALGO HASTA QUE LO VEAS. SI NO TIENE NADA POSITIVO PARA TI, PUEDES QUEJARTE MIENTRAS LO HAGAS CON DIGNIDAD

No estoy en contra de que seas un optimista ingenuo si lo muestras de manera espontánea. Como cuando tienes que soplar en un control de alcoholemia, no hay nada peor que un falso positivo. Defiendo tu derecho a quejarte cuando las cosas te joden y no les ves la parte buena. Pero, como todo en la vida, las quejas hay que saber expresarlas de un modo honorable. No hay nada peor que un llorón monotemático, colega.

LOS FUERTES REVIENTAN TAMBIÉN. LOS HAY QUE, SIENDO FUERTES, AL ROMPERSE PIENSAN QUE SON DÉBILES

Me duele mucho cuando alguien, en la derrota, se siente débil. Pienso que la vida requiere de coraje y valentía para amar, trabajar y relacionarse. Lamento que no siempre las cosas salgan bien, y que esto haga que algunas personas se quiebren. ¿Y sabes quién se rompe? Los que tratan de sostenerlo todo. Como psicólogo he acompañado muchas almas descosidas después de aguantar años de luchas y sinsabores. He visto a personas muy resistentes tronchar su espíritu por amor, por honor, por hacerse valer. ¿No es eso ser fuerte?

Si has sucumbido en algún momento, déjame que te lo diga de una vez para siempre: tienes mi respeto.

DICES QUE ERES PERFECCIONISTA PARA OCULTAR TU CANGUELO

Si cuando te preguntan en una entrevista de trabajo cuál es tu peor defecto respondes que eres perfeccionista, pasa a la siguiente frase. No digas que no te he avisado. El perfeccionismo oculta el miedo. Con esto no pretendo decir que no hay que mejorar los procesos y esforzarse en hacer las cosas bien. Me refiero a que sufrir como un tocino para que las cosas sean de una determinada manera tiene que ver con temer el juicio del otro. Si te da miedo no ser lo bastante bueno, te esfuerzas porque piensas que, si no eres perfecto, no te querrán. Declararte perfeccionista es más confesable que decir «Tengo miedo de cagarla». He visto en consulta a tantas personas que, aun siendo adultas, quieren ser impecables a los ojos de mamá o papá, que podría llenar con ellas el Santiago Bernabéu.

POSPONER EL MALESTAR PRETENDIENDO VER EL LADO BUENO DE LO QUE TE SUCEDE ESTÁ BIEN SI TIENES PREVISTO MORIR MAÑANA. PARA TODO LO DEMÁS, PSICOTERAPIA

Buscar lo bueno de las calamidades podría ser una manera de evitar experimentar aquello que te pasa. Una especie de huida a lo Thelma y Louise. Si, como ellas, estás dispuesto a dejarte la piel en un barranco, adelante. Para los demás, los momentos duros de la vida hay que transitarlos como puedas. Has de saber refugiarte en el dolor del alma cuando toca. Si no lo superas, una buena psicoterapia es un recurso recomendable. Las noches oscuras también forman parte de ti e imponerte una sonrisa falsa no evitará que sufras. Superar las heridas de la existencia pasa por atravesar las diferentes etapas de curación y ponerte gafas de otros colores, pero no cambia la realidad. Es la misma mierda, pero la ves rara.

NO DIGAS «QUIERO SER», SINO «NO ME GUSTO»

Queda de lujo decir a los demás lo que deseas ser: más ordenado, más guapo, más delgada, más asertiva... Lo importante, para mí es lo que no dices, lo que queda detrás de ese anhelo.

Te detestas. Acéptalo.

La madurez emocional se alcanza cuando estás satisfecho de quién eres. Nunca serás perfecto, y eso es lo que te define como buena gente. Solo has de echar un vistazo a esas personas que están encantadas de conocerse para darte cuenta de que son insoportables. Tu belleza está en muchos aspectos que no quieres lucir. Investigar qué me avergüenza de mí mismo, no tanto para cambiarlo, sino para comprenderlo y asumirlo, es de putos amos. Por otro lado, cuando esto sucede, ¿sabes qué me dicen mis pacientes? Que, tras esa aceptación, mejoran muchas cosas sin esfuerzo.

ERES SABIO CUANDO SABES SACAR UN SIETE

He dicho que la vida es un siete hasta aburrirme. ¿Qué significa eso? Pues que, si echas un vistazo hacia atrás y la puntúas con un notable, puedes darte con un canto en los dientes. Mira a tu pareja, a tus hijos, tu trabajo, tu familia de origen y, si los puntúas con un siete, es que la lotería de la vida te ha sonreído.

Una paciente mía solía quejarse de su marido, me contaba las cosas que no le gustaban de él y con las que luchaba en el día a día. La verdad es que no me parecía mal tipo y, cuanto más sabía de ese hombre, más me hubiera casado con él. Tras varias sesiones acompañándola en sus lamentaciones, le pregunté a bocajarro: «Te he escuchado y siento de verdad tu sufrimiento por las dificultades que tienes con él. ¿Qué nota le darías como pareja y compañero de vida?».

Lo pensó un instante y respondió: «Un ocho y medio».

Le di vueltas a su respuesta en el interior de mi cabeza. Pensé que ella deseaba un hombre diez y que jamás estaría del todo satisfecha.

Una cosita te voy a decir: si a tu pareja le das un siete o más, no lo digas por ahí, porque te la van a quitar. El común de los mortales no llegamos al cinco pelado.

¡PARA PENSAR FUERA DE LA CAJA HAS TENIDO QUE ESTAR EN LA CAJA, CHALAO!

Pensar fuera de la caja es una de esas frases que ha hecho tanta fortuna que la lees en todas partes. Creo que significa que en algunas situaciones debes ser creativo y salir del marco de referencia de las cosas, como en ese juego mental en el que has de unir nueve puntos con cuatro rayas sin levantar el lápiz. Si no sabes de qué va, te vuelves majara tratando de resolverlo, pero cuando ves la solución te das cuenta de que eres medio gilipollas por no haberlo pensado. ¡Búscalo en Google, anda!

Déjame que te diga una cosa: para salir de un marco de pensamiento, debes saber mucho y ser creativo. No todos tenemos esas cualidades, no te flipes. Por eso es tan complicado resolver una dificultad. No somos unos genios y, por eso, nos quedamos en la mierda a menudo. Si un gurú te impele a pensar diferente, recuerda que queda muy bonito, pero si no eres Leonardo da Vinci darás más vueltas a la rueda que un hámster atiborrado de anfetas.

NO LO LLAMES EMPRENDER CUANDO ES BUSCARTE LA VIDA

Dice mi amigo Luis que un emprendedor es un pijo que tiene una casa con garaje. La de sus padres, claro, no le falta razón.

Los demás nos buscamos la vida.

Si no tienes trabajo y tratas de ganarte el pan por tu cuenta, no llames a eso emprendeduría. Emprender es un camino largo en el que has de movilizar infinitos recursos, y el más importante es el económico. Tienes que comer y pagar el alquiler, y trabajar como un cabrón de sol a sol, poniendo puertas de aluminio o teniendo una pequeña tienda de barrio mientras los impuestos te desangran es otra cosa. Significa hacerte cargo de lo que una sociedad del bienestar nos debería proveer: un trabajo estable y digno. He tenido gimnasios, un centro de psicoterapia y una escuela de formación online. No son negocios, me he dado a mí mismo un puesto de trabajo. Sobrevivo más o menos bien, picando piedra cada día. No soy un emprendedor, querido, soy un buscavidas.

SI TIENES AUTORIDAD PUEDES HACER LO QUE TE SALGA DEL COÑO

Esto no va de ser un dictador. Hablo de la autoridad que da saber de algo, tiene que ver con que los otros reconozcan tu conocimiento sobre alguna actividad y te posiciones como referente. Si eres reconocido como un buen entrenador por el colectivo de personas a las que le gusta tu deporte, por ejemplo, puedes hacer las cosas como quieres. Como Johan Cruyff, que en su charla táctica antes de que el Barcelona jugara la final de la Champions tan solo dijo: «Salid y disfrutad».

Estamos en una sociedad donde hay expertos para todo y, si quieres ser visto, ofrece algo diferente. Toma nota de lo que te voy a decir, hacer algo distinto sin tener prestigio te puede hacer lucir como un idiota a ojos de los demás. El genial Salvador Dalí comentó en una ocasión: «Si un tonto pinta un cuadro, sale una tontería; si yo pinto un garabato, sale un Dalí».

Eso es autoridad.

PARA HACERTE GURÚ, O ERES MUY BUENO O ERES UN JETA. SI NO TIENES AL MENOS UNA DE ESTAS CUALIDADES, ERES UN MOJÓN

Uno debería preguntarse qué ha de ser cierto para que alguien sea un gurú. Me refiero a uno de estos influencers que dicen cómo tienes que vivir tu vida. Imagino que una posibilidad es que alguno sea muy bueno en lo que hace o dice, que sea congruente. Hay personas que te inspiran porque ves lo que hacen y te los crees. Piensas «Quiero ser como esta tía». Si soy honesto te diré que no es frecuente encontrar a alguien así. La coherencia entre lo que dices y lo que haces es más difícil que elevar el espíritu escuchando reguetón. Eso nos lleva a la siguiente posibilidad, y es que el presunto sabio sea un sinvergüenza. De esos hay muchos. Y es que hace falta ser un caradura para darse bombo y repartir consejos que no sigues ni de coña. Ser un jeta es no reconocer que eres un privilegiado y tratar a los demás como si fueran idiotas. Personalmente, conozco a gurús de ambas categorías, el experto en parejas que siempre ha estado solo o el tatuado hijo de papá que te enseña a ser un fenómeno de las inversiones en bolsa.

ERES UN CHALADO INCURABLE, PERO NO TE PREOCUPES, VAS A EMPEORAR

El simple hecho de ser humano te define como chalado. Todos tenemos carencias y comportamientos que nos avergüenzan un poco. Y si no los tienes, deberías avergonzarte por ello. La cuestión es que el tiempo suele jugar a favor de tu propia imperfección.
Te propongo un experimento, verás.
¿Conoces a alguien del que piensas que nunca cambiará?
Si ha aparecido una persona en tu mente, responde a la siguiente pregunta: ¿puede ir a peor?

EL PROBLEMA ES EL PROBLEMA

Si las cosas van mal, puede que te machaques más de la cuenta. He escuchado muchas veces ese discurso: «Me pasan estas cosas porque soy un problema». Como psicólogo quiero darte una buena noticia: el problema es el problema, no tú.

El aprendizaje más grande que puedes hacer es separar las dificultades de la propia identidad. ¿Es lo mismo ser diabético que tener diabetes? Tener tu casa hecha un desastre no significa que tú lo seas. Es mucho más fácil recoger y limpiar el piso que cambiar si te consideras una calamidad. Un día, mi madre me dijo que era hipertensa, le costaba mucho mantener la tensión arterial bajo control. Le pregunté si había nacido así y me dijo que no. Si había desarrollado esa enfermedad, podía hacer algo para cambiarla, pero si era hipertensa, no podía cambiar su identidad.

¡LO QUE HAY QUE SUFRIR PARA NO SUFRIR!

En una ocasión, paseando por Las Ramblas con mi amigo Miguel, vimos a un faquir callejero preparando su espectáculo. Colocó una alfombra en un lugar que había limpiado y se dispuso a machacar unos cristales con un martillo. La espera se hizo eterna en aquel teatro improvisado. Se colocó sobre ese lecho punzante y empezó a realizar su número. Toda la escena era un puto disparate.

Miguel me miró y dijo: «¡Cuánto trabajo hay que hacer para no tener que trabajar!». Cuando acompaño a pacientes obsesionados con que no les ocurra nada malo, recuerdo a Miguel. ¡Cuánto se sufre no queriendo sufrir!

LUCHAR POR TUS SUEÑOS DEJA DE FUNCIONAR CUANDO TE DESPIERTAS

He conocido a muchas personas que se acuestan cada noche pensando en los cambios que harán a partir del día siguiente: ser más ordenado, controlar mis emociones, comer más sano, no gritar a los niños o ser millonario. Se van a dormir soñando que, al despertar, serán otras personas. Hay pocas cosas que causen mayor insatisfacción. Cuando despiertas al día siguiente, «el dinosaurio continúa allí», como en el conocido microcuento de Monterroso. En la vigilia solemos constatar que somos los mismos pendejos de siempre y, por eso, la vida es tan dura.

SI ESTÁS EN PAZ, QUIZÁ HAYAS MUERTO

La paz de espíritu es una mierda bastante sobrevalorada. Los muertos, salvo si eres un espectro de una peli coreana, están en paz. Los vivos nos hallamos inmersos en conflictos vitales en general. Mi viejo solía decir: «No reces por una vida en paz, sino por tener el cargador lleno de balas».

Muchos de mis consultantes vienen con el deseo de tener más paz. Me parece muy loable. Lo más práctico, por el contrario, es aprender a vivir en tiempos convulsos, adaptarte a ellos lo mejor posible y a tener descansos como los boxeadores, entre asaltos.

DE TODAS LAS OVEJAS DEL REBAÑO, ME QUEDO CON LAS NEGRAS

Poco se habla del conformismo y del pensamiento uniforme. Si no eres un borrego, parece que tendrás derecho a nada. Cada vez con mayor frecuencia observo la polarización del pensamiento y cómo las personas se sitúan en bandos que suelen ser muy previsibles. Solo tienes que poner el oído y, en todos lados, escucharás las mismas monsergas. Nos hemos convertido en entidades que reproducen pensamientos y discursos sin meditarlos siquiera.

A mí el rebaño me da un poco por saco. De cualquier grupo humano, me interesa el que se atreve a pensar diferente. Lo políticamente correcto está haciendo tanto daño que nadie se aventura a levantar la voz para cambiar el discurso.

LO MALO DE PROCRASTINAR ES NO ACABAR

Si algo está de moda es llenarse la boca con la palabra «procrastinar», algo que toda la vida se ha llamado «evitar».

Dejas de hacer una cosa porque eludes enfrentar algo desagradable, una tarea, una conversación, etcétera. Si te pones a buscar, encontrarás mil consejos sobre cómo enfrentarte a ello. Por otro lado, tal vez seas del tipo de personas a las que les pone cachondas la adrenalina de hacerlo todo en el último minuto. Es un orgasmo acabar en el momento final y pensar: «¡Lo conseguí, salvado por la campana!, ¡soy el puto amo!».

Recuerdo a un joven aspirante a psicólogo que me consultó porque estudiaba y presentaba sus trabajos en el último suspiro. Le pregunté si aprobaba y respondió: «Soy un tío de notables, aunque pienso que si me pusiera antes sacaría mejores notas». No lo creo para nada, si obtienes notables con el aliento del tiempo en tu nuca, quiere decir que eres jodidamente bueno. Si te pones antes, serás mucho menos eficiente. El que sabe que, si no estudia, suspende, se planifica distinto.

Le dije que podría dar clases de cómo conseguir notables estudiando el último día y que se sacaría una pasta. Estuvo de acuerdo conmigo, y tiempo después —no es broma— presentó su candidatura para decano del Colegio de Psicólogos.

NUNCA HE IDO SOLO A NINGÚN LUGAR. ME ACOMPAÑAN MIS MIEDOS, MIS DESEOS Y MI PUTA CURIOSIDAD

Un profesor que tuve me dijo que hay tres cosas que pueden salvarte de una vida penosa. La primera es aceptar que el miedo es un eterno compañero, la segunda que toda persona debe ser capaz de conectar con sus deseos y la tercera tener la curiosidad de un niño. Ese podría ser el secreto, abandona tus ganas de controlar las emociones sin lograrlo e investiga la vida. Puede que estés cagado, pero la mejor posición para seguir adelante es la de ser un científico que curiosea, busca, pone las cosas a prueba y saca conclusiones temporales. Recuerda que hasta en la ciencia lo que era verdad ayer hoy no lo es.

NO ME PERDONES, SOLO DAME OTRA OPORTUNIDAD

Si hay algo sobrevalorado es el perdón. Estoy convencido de que, a estas alturas, sabes que no puedes obligarte a perdonar. Es algo que ha de nacer sin demasiado esfuerzo cuando estés harto de que te crujan los dientes. Aun así, hay cosas imperdonables que no debes disculpar. Por otro lado, hacer actos de contrición está bien si resuelven una situación. Si no lo hacen, no puedes estar toda la vida de rodillas y pidiendo clemencia. En las relaciones, o en la vida en general, la cuestión es lograr tener otra oportunidad, algo que va más allá del perdón. Seguro que has perdonado a alguien, pero has acabado cortando la relación. Es importante saber lo que uno quiere, y hay que tener muchos ovarios para pedir una nueva oportunidad.

LA PEOR COMPETICIÓN ES COMPARARTE CON LO QUE CREES QUE SON LOS DEMÁS

No tienes ni puta idea de cómo es el otro, estoy harto de explicarlo. Lo que crees que una persona que no seas tú piensa o siente queda en el ámbito de tus pajas mentales. Un maestro mío solía decir que el viaje psicodélico más potente sería pasar un minuto en la cabeza de otro. La palabra «persona», viene del latín *personare*.

¿Recuerdas esas caretas que aparecen en los teatros? Seguro que las has visto, una sonríe y la otra llora, y representan la comedia y el drama. Ese eres tú, estás oculto tras una máscara. Nunca te muestras tal como eres en realidad y enseñas lo que piensas que los demás amarán.

Como consecuencia, lo que ves en el otro resulta una versión maquillada de quien es en realidad. Cuando te comparas, todo el santo día, lo haces con la imagen irreal de alguien. El consejo de hoy es que, mientras no sepas cómo caga una persona, no te equipares con ella.

NO SOY LO BASTANTE ADOLESCENTE PARA SABERLO TODO

Recuerdo que, en mi adolescencia, pensaba que mi padre era un gilipollas. Lo sabía con un convencimiento absoluto y te habría dejado boquiabierto si hubieras tratado de argumentar lo contrario. Ya no soy tan engreído y albergo menos certezas, debe de ser la consecuencia de hacerte mayor. Tengo una amiga que siempre está convencida de lo que piensa y a la que no le gusta nada cuando tienes una opinión diferente a la suya. Por un lado, admiro su capacidad de creer que siempre está en lo cierto, pero por otro, acabo hasta los huevos de su falta de flexibilidad.

Tampoco se trata de ponerlo todo en duda, ojo. Al final, creerás lo que te dé la gana, la cuestión es tener claro que no estás en posesión de la verdad absoluta. Y si no eres consciente de eso, quizá te hayas vuelto tan sabio como un adolescente que huele a sudor.

NO QUIERO REGULAR LAS EMOCIONES, SINO SENTIRLAS

¿Qué pensarías si alguien te dijera que te quiere «regular»? Una mierda, ¿no?

Eso es lo que viene a mi mente cuando me hablan de regular las emociones. Soy de los que piensan que se desbordan porque tratas de gestionarlas, moderarlas o potenciarlas. Las emociones se viven, se sufren y se disfrutan. ¡Pobres aspirantes a estoicos los que las quieren mantener bajo control y desean, en secreto, ser como Arnold Schwarzenegger en *Terminator 2*! No eres un T1000, sino más bien un amasijo de vísceras al que la vida se ha propuesto sacudir una y otra vez. Pretender moderar lo que sientes es como aguantarte la risa en un entierro. Sé que algunos le tienen tanto miedo a lo emocional que se ocultan tras la impenetrable fachada de un espía ruso en la Guerra Fría. Sí, lo voy a decir otra vez: hay mucho miedo a sentir.

ESTAR TRISTE NO ES MALO. LO ATERRADOR ES ASUSTARSE DE ESTARLO

La tristeza vendrá a acompañarte, no te vas a librar. Puede ser un duelo, una injusticia o una pérdida. Cuando llega, lo mejor es darle un lugar. «¡Bienvenida, tristeza!», decía Goethe. Es una emoción que, casi siempre, está justificada. Lo que causa mucha movida es cuando te asustas por estar apenado. Si te da miedo, empezarás a hacer el gilipollas. Tratarás de animarte o de distraer esa sensación dolorosa consumiendo ya sean drogas, películas o relaciones. Veo a menudo cómo eludir la pena te lleva a cosas peores. No me canso de recomendar a mis pacientes que, cuando estén afligidos, le dediquen un tiempo diario a experimentar esa emoción. Darle su espacio disipa su efecto, pues las emociones son como los gases. Imagina que te tiras un pedo traidor en un ascensor. Ahora piensa en el efecto de ese mismo cuesco en el Bernabéu. No es lo mismo, ¿verdad?

La tristeza necesita espacio, no contención.

EL PODER DE VERDAD ESTÁ ENVUELTO DE ENCANTO E INTELIGENCIA

Hoy he hablado con mi amiga Belén, que acaba de mandar a la mierda a su socio, un patán ególatra. Sé por nuestras conversaciones acerca de él que se trata de un hombre con una gran inteligencia, rápido y sagaz. La cuestión es que resulta un imbécil que se cree mejor que los demás, y no lo hace en silencio. Quiere que todos se den cuenta de lo brillante que es. Si yo diera cursos de liderazgo, la primera clase sería sobre la importancia de tener encanto. Ser afable y educado, a la par que inteligente, abre más puertas que las patadas de Jason Statham. Cuando veo a alguien con esas cualidades, de mente brillante y simpatía congruente, siento el placer terrorífico que me produce el verdadero poder.

SI NO TIENES CRISIS O ESTÁS MUERTO O NO ERES HUMANO

Seguro que has zozobrado alguna vez frente a una crisis. Ojalá no te haya pasado mucho, aunque por mi profesión he visto a personas que las encadenan. Cuando las dificultades arrecian, sientes el mundo moverse bajo tus pies y te da la cagalera. Pues la buena noticia es que eso es lo normal. Si pretendes que las crisis te hagan estar estupendo, lo vas a pasar como el culo, la verdad. Las escuelas de pensamiento que sugieren que te mantengas frío como un pescado frente a la tormenta no tienen idea de la manera en que los seres humanos nos conducimos en la vida. Sobre el papel serías Mr. Wonderful si encajaras las crisis con la serenidad del dalái lama, pero la realidad suele ser menos equilibrada. No quiero que la vida te despelleje, lo único que deseo es que estés preparado para cuando vuelen las hostias.

SI CREES QUE LA INTELIGENCIA ESTÁ EN EL CEREBRO, PRUEBA A PENSAR DESPUÉS DE QUE TE HAYAN ARRANCADO EL CORAZÓN

Si eres de los que piensa que la racionalidad te salvará, estás jodido. He trabajado con demasiadas personas que sufren para confiar en la razón y la lógica. Aunque el psicólogo más estoico de la historia, Albert Ellis, trataba de que sus pacientes pensaran racionalmente, pocas veces lo conseguía. En el dilema entre el cerebro y el corazón, te costará elegir. La sabiduría está en saber mezclar esas dos herramientas. Los mejores jinetes se funden con su caballo formando una sola entidad, lo mismo te sugiero para tu cabeza y esa bomba roja que tienes en el pecho. Estás hecho de emociones e inteligencia, ¿por qué vas a desechar una de ellas?

LA ÚNICA MANERA DE ACABAR CON TUS DEMONIOS ES SER CAPAZ DE HACER ALGO INTERESANTE CON ELLOS

Dijo el escritor Paul Auster que el único objetivo de la literatura es convertir la sangre en tinta. ¡Qué buena frase! Ojalá fuera mía. Podría decir algo parecido de la vida, por ejemplo, «convertir las mierdas en abono». La lucha contra las cosas que no aceptas de ti se convierte en una especie de pelea de monos que no tiene fin. No vas a acabar tan fácilmente con tus demonios, ellos han trabajado duro para ti. Despedir a uno de esos diablos requerirá negociar con ellos, y no se van sin una placa de reconocimiento, un finiquito suculento y un puesto nuevo de trabajo. Poner a un empleado díscolo en un lugar donde puedas sacarle rendimiento es de *cum laude*. La persona que ejerce un liderazgo potente debería saber eso. Lo mismo va a ocurrir con tus miserias vitales, hay que reubicarlas para tratar que trabajen a favor. Cioran, un filósofo con talante depresivo, logró escribir sobre la angustia de la vida con una intensidad que ha sido un regalo para la humanidad. Seguro que conoces a artistas, escritores o músicos que han logrado convertir sus dificultades en inspiración. Atendí a una paciente que tenía pensamientos aterradores, no sabía cómo neutralizarlos y lo estaba pasando muy mal. Había intentado frenarlos de todas las maneras posibles: meditando, distrayéndose, con fármacos potentes. Cuando la visité, estaba tan desesperada que me hizo caso. Le pedí que escribiera una novela de terror con todo lo que se le venía a la cabeza. Si un pensamiento llegaba para atormentarla, ella tenía que sacar su reloj y escribir su pavoroso relato durante veintidós minutos. Ni uno más, ni uno menos. Tenía que tratar de llevar su imaginación al extremo más gore. Lo hizo durante siete semanas, en las que nos vimos tres veces. En nuestro tercer encuentro me dijo que ya no tenía miedo de los pensamientos y que se había apuntado a una escuela de escritura para llevar esas historias a un libro que pudiera publicarse. Ella hizo algo interesante con su miedo, desde luego, y si padeces una revolución de ese tipo en tu interior, puedes aplicarte el invento.

EL CORAJE SIEMPRE LO HE LUCIDO CAGADO

No eres el agente 007, olvida eso de enfrentar las cosas con el aplomo de un semidiós. El verdadero valor se demuestra siguiendo adelante aun cagado. Cuando notas el peso de la caca en tus calzones hay que lucir ovarios. Seguir, aunque notes el aliento de la falta de confianza en tu nuca, es la verdadera señal de que tienes coraje y que ha llegado para acompañarte en el camino. En la soledad del vestuario, antes de subir al cuadrilátero, solía preguntarme cómo podía escapar de esa situación. Con mis manos enguantadas y la cara untada de vaselina, siempre quería salir corriendo por cualquiera de los pasillos que encontraba cuando me dirigía en pos de mi oponente. Sentía mis piernas desfallecer al subir los cuatro escalones que me llevaban al cuadrilátero y, cuando sonaba la campana, sabía que estábamos solos los dos. Mi contrincante, dispuesto a arrancarme el alma, y yo. Salí victorioso en muchas ocasiones, pero siempre pensando: «¡Qué miedo he pasado, joder!».

EL MEJOR CONSEJO QUE ME HAN DADO ES «OLVÍDATE DE GUSTAR»

El infierno debe de ser algo parecido a hacer las cosas deseando complacer a todo el mundo. Si tratas de lograrlo, te pasarán dos cosas:

1. Siempre hay algún gilipollas al que no le vas a agradar y, por tanto, sufrirás.
2. Te vas a olvidar completamente de ti, es decir, estarás jodido.

Voy a decirte algo que no es nada sencillo de escuchar: la buena vida siempre genera fricción entre suspirar por que los demás te quieran y tomar en cuenta el propio deseo. Dejar de hacer aquello que quieres por el «¿qué pensarán de mí?» es tan idiota como hacer lo que te salga de los huevos sin que te importen una mierda los demás. Cuando viajé por primera vez a Japón, practiqué karate en una mítica escuela de ese arte marcial. Traté de impresionar al maestro haciendo mis mejores movimientos con explosividad. Me miró con semblante aburrido durante unos minutos y me dijo: «No quieras gustarme, hazlo a tu manera». Cuando acabé la clase, después de la ducha, fuimos a tomar unas cervezas con algunos compañeros. El viejo profesor, cuando chocamos nuestras Kirin, una famosa cerveza japonesa, me dijo muy serio: «Me has gustado más cuando dejaste de ser gilipollas y fuiste tú mismo».

SER SABIO ES NO CRECER MIENTRAS HACES CREER A LOS DEMÁS QUE SÍ LO HAS HECHO

Mantener el espíritu curioso e ingenuo de un niño puede hacerte llegar muy lejos. Envejeces cuando dejas de hacerlo y te tomas la vida tan en serio como si fueras la selección alemana de fútbol practicando ballet. Recuerdo en una ocasión que asistí a un curso de hipnosis con un afamado profesor. Realizó una bella sesión de terapia con un hombre que sentía que su vida era previsible y aburrida. El hipnotizador trabajó con el paciente y logró que este entrara en un trance profundo. Abordaron algunos aspectos de la infancia del sujeto y mediante la hipnosis se realizaron cambios muy interesantes. Investigaron una escena traumática en la que el tipo tenía cuatro años y, tras realizar algunas maniobras, se sintió mejor. Para terminar, el terapeuta le dijo al hombre: «Mientras tu mente asimila lo que hemos trabajado aquí, quiero que vuelvas al estado de vigilia. A la actualidad. Me gustaría que este niño crezca hasta alcanzar la edad que tienes hoy. Tan solo te pido que mantengas esos ojos de niño, su curiosidad y el absoluto deseo de maravillarse ante la vida».

Es justo lo que te propongo, hacerte adulto supone tener la habilidad de que los demás crean que lo eres, sabiendo que por dentro no pierdes el espíritu travieso de un niño. Sigue engañándonos, por favor.

NO HAY NADA MÁS *FAKE* QUE BARNIZAR DE CIENCIA LA BANALIDAD

Recuerdo una ocasión en la que mi espalda se contracturó. Estaba más retorcido que el cable de un teléfono y busqué un masajista de urgencias. Escribí en mi ordenador «quiromasaje cerca de mí», y encontré un lugar. Llamé y concerté una sesión para aquella misma tarde. Di gracias a los astros por bendecirme con esa fortuna. A la hora señalada, me presenté en la consulta y me atendió una mujer. Me dio la bienvenida y le conté lo que me pasaba. Me mostró la camilla y me estiré sobre ella (la camilla) con dificultad. Puso una lámpara de sal por toda iluminación, era una sala agradable, con un fondo musical relajante y el lugar olía muy bien. Mientras ella empezaba a manipularme con delicadeza, me hablaba. Era muy reconfortante sentir sus manos amasar mi dolorida musculatura. Me contó que debía abrirme a recibir el universo, porque la cuántica decía que si me conectaba con la fuente no sé qué hostias pasaba. Me citó estudios en los que, al parecer, se demostraba la fuerza del pensamiento sobre el cuerpo y me recomendó un libro que ya había leído llamado *La biología de la creencia*. El libro me había resultado un pastiche teórico sobre biología divulgativa y paparruchas cuánticas. Escuchando a la masajista, me di cuenta del poder persuasivo que tiene revestir cualquier tontería de argumentos pseudocientíficos. Cuidado con eso, si no sabes de metodología de la ciencia, te van a meter más goles que a un equipo escolar de benjamines de primer año.

SI PIENSAS QUE PUEDES SER LO QUE DESEES, APUNTA BAJO

Puedes pensar que te digo esto porque soy bajito. No te falta razón, el hecho de medir menos de un metro setenta ha hecho de mí un tipo con muy mala hostia. La cuestión es que me parece bien que pienses que puedes ser lo que quieras. De hecho, te van a llegar mensajes de este tipo por todas partes. Ese rollo del empoderamiento puede ser peligroso si dejas que las expectativas se hinchen en tu mente como si fueras un globo de agua en una fiesta de niños anfetosos. Suelo prevenir a las personas que me consultan sobre tener grandes expectativas sobre sí mismos y sobre los demás. En muchas ocasiones estas ilusiones pueden deprimirte cuando las cosas no acaban siendo como querrías. Sí, estoy de acuerdo con que hay personas que han logrado maravillas pensando a lo grande, pero también las hay a las que les toca el Euromillón. No hay que olvidar la estadística, el porcentaje de personas que cumplen sus deseos en totalidad es muy pequeño y todos los demás tenemos grasa en la cintura. La vacuna contra la decepción es desear bien y ser realista. Recuerda que una casa se construye de abajo arriba y que la segunda hilera de ladrillos solo puede colocarse cuando la primera se haya consolidado.

PUEDE QUE TENGAS EL CUERPO BONITO, PERO POR DENTRO ERES COMO TODOS: ESTÁS LLENO DE SANGRE Y MIERDA

Mi padre solía decirme: «¿Tú quién te crees que eres?». No es la mejor manera de discutir con nadie, pero la frase me ha ayudado a tener los pies sobre la tierra a menudo. No es conveniente que te creas superior a nadie, sobre todo si tus mejores armas han sido un regalo divino. La belleza, la inteligencia o la fortuna económica no son tan valiosas si son heredadas. Pensar que no eres ni mejor ni peor que nadie te ayudará a respetar al de enfrente. Sobre eso déjame que comparta algo contigo: suelo hacer anuncios que publicitan mis cursos. Eso significa que, para llegar a personas que no me conocen, pago a un gigante de las redes sociales. Me parece normal que eso desagrade a algunas personas que reciben un anuncio que no desean. Lo que no entiendo es cuando hacen comentarios personales. No hace mucho, un psiquiatra jubilado comentaba: «Con esa cara, no le compraría un coche usado, sé detectar a un cantamañanas cuando lo veo». La curiosidad me llevó a mirar su perfil, era tan lamentable que me pregunté cómo esa persona había llegado a tener una carrera universitaria. Por un momento compadecí a sus pacientes. Recordé a mi viejo y pensé que ese hombre no había tenido la suerte de recibir una educación tan impactante como la mía. Lo siento, amigo psiquiatra, si te crees mejor que los demás, estás más lleno de mierda que de sangre.

LA INTELIGENCIA ES LA CAPACIDAD DE TRANSFORMAR UN PASADO DE MIERDA EN GLORIA, Y VICEVERSA

Nuestra percepción del mundo se ve limitada por las condiciones de la propia mente; la buena noticia es que la inteligencia está ligada a la creatividad.

Como resultado, tiendes a explicarte la vida con sesgos. Eres un detective al que le faltan muchas piezas del rompecabezas y se inventa lo que no sabe para resolver el crimen.

Ser listo de verdad supone poder revisar tu historia sabiendo que faltan datos. Por ejemplo, si tu padre te echaba la bronca por ser un estudiante mediocre, puede que lo recuerdes como un cabrón exigente. Si tuviste en cuenta que la chapa que te daba tenía la intención de que rindieras para desempeñarte mejor en la vida, tal vez pienses que no era mal tipo. Una parte de la percepción que acabas teniendo sobre tu viejo tendrá que ver con cómo te cuentes la película. ¿No es así? Recuerda que tu coco puede llevarte por el camino de la amargura si le acabas poniendo a todo una intención perversa.

Listo es aquel que relata su historia de manera que lo ayude y logre transformar en interesante un pasado de mierda.

AL CONTRARIO DE MARK TWAIN, HE TENIDO MIL PROBLEMAS QUE JAMÁS PENSÉ QUE SUCEDERÍAN

Estoy hasta el coño de escuchar, en boca de mentes expertas, esta famosa frase de Mark Twain. Presta atención: «He tenido miles de problemas en mi vida. La mayoría de ellos jamás sucedieron en la realidad». Es cierto que hay quien sufre por anticipar cosas que puede que no ocurran nunca. Hasta que pasan. Voy con un ejemplo de los millones que podría poner. El tipo que diseñó el airbag pensó que, aunque no es probable que te des una hostia conduciendo, estaría bien inventar algo que proteja a los ocupantes de un coche en caso de colisión. Pensar que no debes preocuparte por evitar un sufrimiento futuro es no entender el funcionamiento de la mente humana. Estás diseñado para sobrevivir, por eso evitas darle un trozo de pollo con la mano a un cocodrilo hambriento.

Yo he sufrido más por lo que nunca creí que ocurriría. Las hostias más dolorosas son las inesperadas porque, además, has de manejarte con el shock y se te queda cara de gilipollas. ¿Qué te recomiendo? Mi entrenador de boxeo decía: «Debes controlar el 60 por ciento de las cosas que pueden suceder en el cuadrilátero, y rezar para que el resto no te atropelle».

Es un buen consejo, reflexiona sobre él. La vida tiene un porcentaje de incertidumbre que no puedes obviar. Invitarte a no dar importancia a tus miedos es naif, y quedar atrapado por ellos resulta terrible. Serás listo si sabes encontrar la dosis justa de preocupación y acción para resolver una dificultad.

ENTENDERSE ES TAN DIFÍCIL QUE HAS DE HABLAR LO QUE TOCA, NO MÁS

Suelo decir que la comunicación está sobrevalorada. Entiendo que las relaciones son complicadas y que cada uno de nosotros necesita un diferente nivel de argumentación. A lo que me refiero es que, cuando hablar no resulta útil para resolver una situación, lo saludable es dejar de hacerlo. Es como discutir en las redes sociales, el otro no te va a dar la razón ni de coña. La sabiduría se demuestra cuando sabes abandonar una discusión. No te pido que seas mudo o que no compartas lo que sientes. Sin saber expresarte no vas a llegar lejos. Lo que te estoy diciendo es que debes estar atento al resultado de tu comunicación. Si llevas mucho tiempo dialogando con alguien y avanzas más lento que un oso hormiguero ciego de hachís, has de ser más avispado, colega. Tener la valentía de reconocer que seguir hablando envenena y ser capaz de callarte es digno de reyes.

ESTÁS HECHO DE UN SETENTA POR CIENTO DE AGUA Y UN TREINTA POR CIENTO DE MIEDO, ACÉPTALO

Que eres un setenta por ciento de agua es un hecho. Que el resto de ti lo forman tus temores igual es menos conocido. Ser humano supone sentir fragilidad frente a los sinsabores vitales. Querer una vida sin miedos es tan ingenuo como pedirla sin aire. El otro día, sin ir más lejos, recibí una consulta por parte de una psicóloga con miedo a conducir. Tenía la historia tan bien pertrechada que era imposible resolver el problema si le hacías caso. El miedo a hacer daño a los demás y a que sus hijos sufrieran un accidente con ella al volante justificaban que evitara conducir aun teniendo carnet y vehículo a su disposición. Quería llevar el coche con normalidad y yo me preguntaba qué era lo normal en la carretera. Circular es estar en manos del destino. Es una cuestión de confianza en tu destreza, en los demás conductores y en las circunstancias. ¿Puedes estar convencido de que nada malo ocurrirá mientras conduces? Seguro que no, pero *confías* en que eso no suceda y la confianza es un acto de fe.

Te doy la bienvenida al club de los cagados valientes, lo normal es que sientas un poco de miedo.

NUNCA ES TARDE PARA DEJAR DE INSISTIR

Uno puede hacer una gilipollez, pero insistir en el error disuelve la inteligencia y te convierte en un cretino. Esas historias sobre la perseverancia han hecho más daño que bien. Si vas mal, seguir haciendo lo que no conviene te transformará en el más tonto. La cuestión es determinar cuándo vas mal, lo sé. En mi juventud pude llevar a cabo mi gran ilusión de la infancia, ser campeón de artes marciales y tener mi propia escuela. Logré ambas cosas y me vine arriba. Durante unos años, todo fue bien. Con el tiempo llegó una época de crisis y el entorno cambió. Apareció una competencia inesperada y los precios subieron tanto que no podía mantener mi modo de vida. Estaba tan enamorado de lo que hacía que empecé a solicitar créditos pensando que tan solo era una mala racha. Me convertí en una especie de ludópata que calienta las monedas mientras piensa que su suerte cambiará. Me costó mucho llegar a la conclusión de que mi ciclo había terminado. Fue un duelo brutal, ya que de pronto tenía que cerrar mi negocio, que se había convertido en mi casa, y abandonar la escuela de artes marciales me llevaba a dejar de ver a mis clientes y amigos, a aceptar una derrota de la vida y a vislumbrar un futuro muy negro. Agotado y deprimido, no sabía qué hacer. Dejar de insistir cuando no se tiene éxito es doloroso, y hay que echarle ovarios a la situación. Al poco tiempo emprendí otro proyecto que me llenó de ilusión. Tuve la suerte de parar a tiempo, pagar mis deudas y dejar de tener pérdidas. Si perseveras en el error, lo pasarás mal.

QUÉ MIERDA QUE DOS PALABRAS QUE ME REPRESENTAN TANTO CAUSEN ENVEJECIMIENTO: RADICALES Y LIBRES

He buscado en el doctor Google qué son los radicales libres. Son «un tipo de moléculas inestables que se acumulan en las células y dañan otras moléculas, como el ADN, los lípidos y las proteínas». Dicho de otra manera, son unos cabrones que contribuyen al envejecimiento, provocan enfermedades como la artritis reumatoide, arterioesclerosis y mil mierdas de ese tipo que no parecen nada buenas. Sin embargo, siempre me ha gustado ser radical. Y libre. Quiero llegar a la raíz de las cosas (del latín *radicalis*, que significa «relativo a la raíz»). Me hubiera gustado ser filósofo, pero está bastante mal pagado. Ser psicólogo era una posibilidad mejor remunerada y me permite buscar la raíz de las cosas. Ser libre supone poder decidir qué hacer o no hacer. Me gusta poder enfrentar la vida a mi manera.

Tratar de ser radical y libre me ha generado dificultades, pero, como todo en la vida, tiene dos caras. Ni tan mal.

LENGUAJE, ESTRATEGIA Y FLEXIBILIDAD. NINGUNA DE ESTAS ASIGNATURAS ESTABA EN TU PLAN DE ESTUDIOS, MONADA

No tengo ni idea de qué hiciste en la escuela, pero puedo hacer de mentalista y adivinar lo que seguro que no estudiaste. No te enseñaron a argumentar, cómo usar el lenguaje para llegar a acuerdos con otras personas y para estar bien contigo. No aprendiste cómo hay que hablar para que sucedan cosas interesantes. No tuviste clases de estrategia, no te enseñaron cuándo y por qué hacer las cosas. Y no aprendiste en la universidad la más grande de las habilidades: la flexibilidad. Por eso cuesta tanto salir a flote cuando la vida aprieta.

Tengo tres ejemplos para ti:

1. Recuerdo una ocasión en que presencié una pelea multitudinaria en un bar: sillas volando, botellas rotas y un montón de tíos dándose palos. La policía llegó y uno de ellos sacó un pequeño megáfono y dijo: «¡Salgan tranquilamente del bar a fin de que podamos detener a los gamberros!». La gente abandonó el local con calma, como si nadie quisiera ser el sinvergüenza que había que detener. Esa es la fuerza de la comunicación persuasiva.
2. El mítico boxeador Muhammad Ali pretendía recuperar su cetro mundial, que ostentaba George Foreman. Este

último era un pegador excepcional y nunca había necesitado muchos asaltos para ganar. Ali pensó que requería una buena estrategia y consideró que desgastarlo era una buena idea. Durante el combate, Ali lo provocó, pero se protegió de manera excelente. Insultó y menospreció a Foreman, y le dijo la famosa frase «Mi abuela me pegaba más fuerte». Foreman se vació y agotó sus baterías. La historia está ahí, en el octavo asalto, contra todo pronóstico, Ali lo noqueó reconquistando su título mundial.
3. En una ocasión formé parte de un grupo terapéutico. Una de las asistentes, rota de dolor, confesó que le resultaba imposible decir «no» a las personas que quería o respetaba. El terapeuta que llevaba el grupo le preguntó con dulzura: «¿Me respetas a mí?». Ella respondió que sí. Luego le dijo: «¿Quieres al grupo?». La mujer asintió de nuevo. Entonces le pidió que saliera con él al centro de la sala y se sentaron de frente al resto del grupo. Respiraron al unísono durante unos instantes que le dieron una profundidad sacramental a ese momento. El terapeuta la miró y le dijo: «Dile que no a cada miembro del grupo». Ella quedó atrapada en una lógica imposible. O le decía que no a él o al grupo. No podía escapar de la situación sin decírselo a alguien que respetaba o quería. Ella se rio y nos dijo «no» a cada uno de nosotros. Me pareció una manera muy flexible por parte del psicólogo de generar una situación que favoreciera el cambio.

Ya lo ves, no siempre gana el mejor. Ser hábil es casi tan relevante como ser bueno en algo. Seguro que tienes algún conocido que, sin ser el mejor en lo suyo, ha logrado que las cosas le salgan bien. Eso es resultado de saber cómo trazar un plan, cómo contarlo y de tener la flexibilidad suficiente para amoldarse a los imprevistos.

EN EL LECHO DE MUERTE, MI PADRE ME DIJO: «ERES BUEN CHAVAL»

Sé que mi padre me quería, pero tenía curiosas maneras de demostrarlo. Llevo en mi corazón sus abrazos cuando yo era muy pequeño. Al crecer, tuve la sensación de ser como uno de esos cachorros monísimos que, con el tiempo, se convierten en un fastidio. Es una historia larga para contarla aquí. Tuve la oportunidad de despedirme de él muy pocos minutos antes de que muriera. Me dijo, con mirada tierna: «Eres buen chaval». Nunca hubo un «te quiero», y eso siempre duele. Aunque el otro debería saberlo, no te lo ahorres. La avaricia, cuando hablamos de amor, duele mucho.

¿QUÉ CLASE DE PERSONA ES LA QUE LE QUITA IMPORTANCIA AL DOLOR AJENO?

Lo que te duele, te duele. Aunque te dirán lo contrario: «No es para tanto», «A mí me pasa más y peor», «Nada será tan malo», y un sinfín de frases del estilo que carecen de empatía. Puedo entender que al ciudadano de a pie le importe una mierda cómo estés, y así nos va. Lo que me cuesta mucho más es oír esos mensajes en boca de expertos. El neoestoicismo puede hacernos caer en esa trampa. Parece que el aspirante a estoico ha de minimizar el dolor ajeno dando este tipo de consejos. Creo que fue el escritor Rabindranath Tagore quien puso de moda la frase: «Si tu mal tiene remedio, ¿de qué te quejas? Y, si tu mal no tiene remedio, ¿de qué te quejas?».

Quejarse es una manera de expresar el dolor y el malestar. ¿Por qué te jode la queja del otro? Es fácil, creemos que cuando alguien se lamenta nos está pidiendo acción. Voy a decirte algo: cuando te quejas buscas más consuelo que consejo. Cuando alguien expresa su infortunio, laméntate con él un rato. Observa el cambio radical que supone tener empatía real. En cierta ocasión me lamentaba por algo que viví como una deslealtad por parte de un ser querido. Un amigo, tras escuchar mis quejas, me dijo: «Si pensara como tú, habría hecho lo mismo. ¡Es una putada!». No me llevó la contraria, no me dio la razón, no me ofreció su opinión. Tan solo me dijo que, pensando como yo pensaba, lo que sentía era normal. Tal vez te parezca obvio, pero me ayudó mucho a reflexionar y cambiar.

ERES COMO EL PAVO DE NAVIDAD, VIVES BIEN HASTA NOCHEBUENA

La historia del pavo chulito que se jactaba de lo bien que lo alimentaban es de traca. Era el *rockstar* de la granja. Los conejos, las gallinas y hasta el gallo flipaban con él.

«¡La vida es maravillosa! Tenemos techo, trabajo y alimento asegurado. ¿De qué os quejáis?», decía siempre.

Cuando llegó el día de Nochebuena, lo agarraron de malos modos y le cortaron el pescuezo.

No puedo evitar imaginarme al maldito pavo cuando las cosas van bien. Se aparece en mi mente y pienso: «¿Cuándo llegará mi Nochebuena?». Eso me permite tener los pies en la tierra y no creérmelo demasiado. Un sabio me dijo una vez que las personas nunca perdonan a los que les hacen sentirse pequeños y desgraciados. Esto no es Estados Unidos, donde el pueblo ensalza a un millonario por el hecho de serlo. En nuestra cultura queremos que nos miren de igual a igual.

No lo olvides.

LA BÚSQUEDA DE UN PROPÓSITO VITAL ME DA URTICARIA

Encuentro muy tonto buscar un propósito vital. Si lo tienes, cojonudo, porque ese sentimiento le dará sentido a muchas de las cosas que haces. ¡Olé tú! Ahora bien, déjame que te diga que puedes tener una buena vida sin ese jodido empeño. Está de moda decir que, sin un faro vital, eres un gilipollas y, entonces, frente a tu malestar, te pones a buscar alguna motivación con la que vibren todas tus células como si fueran parte de un desfile del ejército norcoreano. Basta que busques algo que te ponga tan cachondo para que no encuentres nada que lo logre. Tal vez no exista algo ahí afuera tan bueno como la paja mental que te has hecho de lo que sería si lo tuvieras. Muchos polvos resultan mejor en tu imaginación que en la realidad. Una vez, una mujer me contó que, tras leer *Cincuenta sombras de Grey*, tenía fantasías masoquistas con un hombre guapo. Se había documentado y descubrió que las imágenes de *bondage* la excitaban mucho. Con el tiempo, encontró en Twitter a un tipo que le interesó. Este le propuso salir a cenar y ella aceptó tener relaciones con él. Durante la cena mostró una personalidad dominante y, como habían tenido conversaciones eróticas, esperaba ansiosa el momento en el que él la poseería. Cuando se encontraron en el fregado, el tipo tenía una polla pequeña y torcida, y a mi paciente le hizo mucha gracia la situación. Mientras él pretendía ser un Sade de tercera regional, ella por dentro no podía dejar de verlo ridículo. Cuando se propuso atarla con unos lazos al cabecero de la cama, eyaculó sin haberla rozado siquiera. ¡Vaya chasco!

Me contó su experiencia entre avergonzada y divertida, y acabó diciéndome: «Mi fantasía era mucho mejor de lo que fue la realidad». Lo mismo sucede con el propósito, si no lo tienes de serie, has de esperar que te llegue. Buscarlo lo hace esquivo y frustrante, como un polvo masoca de opereta.

NO SOY VIEJO, ME CANSO ANTES

Lo malo de hacerse mayor es que pierdes capacidad de recuperación. Quizá es por eso por lo que te vuelves prudente. En el fondo sabes que te va a costar reponerte de un esfuerzo, de modo que te dosificas. Hacerte viejo es otra cosa: no tener proyectos, amores, pasiones, risas. Espero disfrutar de todo ello muchos años, aunque la vida me siga zarandeando y un entreno en el gimnasio me suponga tres días de agujetas. Aunque, bien mirado, cansarte antes es una opción inteligente cuando se trata de aguantar gilipollas, situaciones incómodas y abusos de cualquier tipo.

NO ME DIGAS QUE SOY RESILIENTE, SINO QUE TENGO DOS OVARIOS

La «resiliencia» es una palabrita a la que se le ha sacado demasiado provecho. Ahora hasta un langostino cocido es resiliente. En términos psicológicos, es una movida muy bestia porque supone haber sobrevivido con dignidad a grandes abusos y traumas. El concepto surge de la capacidad de algunas personas que resistieron en los campos de concentración. Y tú, querido, no has estado en un sitio así ni de coña.

Si te manejas con la vida y enfrentas las dificultades, lo que tienes son dos ovarios. No hace falta que aguantes impasible una hostia y pongas la otra mejilla. Si se tratara de eso, los tontos que participan en campeonatos de bofetones en la cara serían los humanos más resilientes del mundo, y estoy convencido de que no lo son.

La fortaleza, en mi opinión, se halla tras los ojos de aquellos que han sobrevivido a situaciones durísimas y a la cruda escasez. Seguro que en tu familia hubo personas que vivieron una guerra y una posguerra. Tal vez tus abuelos. Lo viví en mis carnes, pues mis padres tuvieron infancias de mierda sumidas en la pobreza, sobrevivieron a los bombardeos de Barcelona y a la hambruna que, durante más de dos décadas, asoló a una generación. Trabajaron, vivieron y amaron de una manera digna. Asumieron sus vidas y su responsabilidad, y nos criaron. Nos dieron sus valores, sus miedos y también su fortaleza.

Las hostias duelen, y puedes llorar y gritar. Si además las aguantas, tienes coraje, y no hay más que hablar.

LOS SESENTA SON LOS NUEVOS CUARENTA HASTA QUE TE DESPIERTAS

Cuando me despierto por la mañana no me acuerdo nunca de la edad que tengo. Debo de tener un espíritu joven. La cosa cambia cuando me veo frente al espejo y aparece reflejado un viejo que apenas reconozco. Tal vez sea casualidad, o lo que los psicólogos llamamos «condicionamiento», pero, cuando me veo, me doy cuenta de que me duele todo. Los mensajes que estás recibiendo por todos lados te animan a envejecer disfrutando del ritmo y de una voluntad de consumo de una persona más joven. No tiene por qué ser malo si puedes asimilarlo. Lo que sucede, con más frecuencia de la que quisiéramos, es que algunas personas se lanzan a una carrera absurda contra el tiempo. Seguro que has visto vídeos de auténticas Carmen de Mairena que pretenden hacerte creer que son jóvenes. He visto a carcamales bajarse de un Mercedes con la cara más retocada que Michael Jackson y mirarme por encima del hombro.

No te pases con los sueños, querido, despertar es muy duro.

EL FRACASO SE HALLA EN LA MAGNITUD DE LOS PROPÓSITOS. HE TENIDO FAMILIA, HE ESCRITO LIBROS, HE MONTADO ESCUELAS, ME HAN DADO UNA HIPOTECA SIENDO AUTÓNOMO A MI EDAD, PERO NO HE CONSEGUIDO DEJAR LA CERVEZA

El propósito más grande que puedes fijarte es alcanzable si no mantienes una lucha contigo mismo sobre ello. En una ocasión el expresidente del Gobierno de España, José Luis Rodríguez Zapatero, contó que cuando era niño le dijo a su madre: «Mamá, seré presidente de España». Su madre se debió de reír bastante, pero el tipo lo logró. El 17 de abril de 2004 fue investido presidente del Gobierno. Con un par.

Seguro que estás hasta el toto de escuchar ese mensaje, puedes lograr lo que quieras si te lo curras. Te pondrán mil ejemplos de peña que, contra todo pronóstico, cumplió sus metas.

Cuidado porque ahora viene lo chungo.

Si tu propósito contiene una pelea contra ti mismo, estarás bien jodido. Adelgazar, hacer deporte, estudiar más, aprender inglés, y un millón de etcéteras te enfrentarán contigo. Aterriza, amigo. Según cómo, es más fácil ser el dueño de Amazon que dejar de beber cerveza.

¿CUÁNTA AUTOESTIMA HAS DE TENER ANTES DE SER UN PRESUNTUOSO ENCANTADO DE CONOCERSE?

Cuidado con la autoestima. Tal vez no has pensado nunca que, lo saludable, es tenerla a medias. Si estás descontento con ciertas áreas de tu vida, bienvenido a la especie humana. Cuando sientes que tienes que mejorar, te movilizas y creces, pero, si soy honesto contigo, debo decirte que nunca estarás satisfecho del todo. Mira a tu alrededor y, si conoces a alguien enamorado de sí mismo, seguro que te parece un gilipollas integral. Quererse pasa por reconocer que hay aspectos que no vas a cambiar ni de coña. La verdadera sabiduría está detrás de elegir a qué cosas puedes sacarle brillo y de aceptar que nunca serás tan perfecto como el Real Madrid en la Champions.

En una ocasión traté a una muchacha destrozada por una relación con un tipo que estaba tan encantado consigo mismo que la hacía sentir una basura. Según él, ella no tenía ninguna capacidad y debía agradecer que se dignara a estar con ella. Así pues, la cantidad de autoestima saludable es aquella que te permita reconocer que puedes mejorar pero que todos cagamos por igual.

NUNCA ENTENDÍ POR QUÉ EL NIÑO INTERIOR SIEMPRE ESTÁ ACOJONADO

Aunque sea psicólogo, tengo mis dudas con respecto al niño interior. Sobre todo, cuando me hablan de su versión vulnerable y miedosa. Un niño es un ser completo. Si tienes un crío de esos dentro de ti, poseerá todas las propiedades de esa criatura. Será juguetón, curioso y capaz de enrabietarse. ¿Estamos o no? Mi niño interior se apasiona por las cosas que le gustan. A mi *puer aeternus** le gusta que lo mimen y abrazar a los que quiere. Sí, tiene miedo a veces, pero suele tener tantas ganas de jugar que enfrenta algunos retos con más valor que un soldado japonés acorralado en una trinchera. Mi consejo no solicitado sobre este tema es el siguiente: deja en paz a tu niño interior y preocúpate más por tu adulto exterior. Corres el peligro de que se haya convertido en un pendejo.

* *Puer aeternus* significa «niño eterno» y está descrito por la psicología analítica como una forma neurótica de juventud eterna. No te dejes impresionar por la definición, ser eternamente joven no debería ser malo si estás bien educado y recoges las cosas con las que has hecho botellón en la vida.

ABRÁZAME PORQUE ME QUIERES, NO PARA SUBIRTE LA OXITOCINA, PUTO EGOÍSTA

Leí en un libro que has de rodearte de gente que suma. Nada de juntarte con lloricas, personas con problemas o desgraciados. «Aporta o aparta», parecía recomendar su autor. Alguno de los capítulos de esa magna obra hablaba de la neurociencia y de la química de las emociones. Quien había escrito ese engendro decía que un abrazo aumentaba la oxitocina y que era muy bueno abrazar a otros para subir tus niveles de esa hormona. Leyendo eso recordé a Mata Amritanandamayi Devi, conocida como Amma, una hindú que viaja por el mundo dando tantos abrazos que, con tanta oxitocina, debe dilatarse como una mujer a punto de dar a luz. Querido, no seas egoísta, dame un abrazo porque me quieres, porque te apetece, no me jodas.

SI TE MOLA SER ORUGA, VIVIR COMO MARIPOSA ES UNA MIERDA

La metáfora de la transformación de oruga a mariposa ha tenido tanto éxito que la usan hasta en la peluquería de debajo de mi casa. Demasiado vista. Al final, se trata de una cuestión estética. A la peña le parece más bonita una mariposa, pero las hay feas de cojones.

¿Qué ocurre si te gusta ser una oruga? Las hay preciosas. Si te mola reptar, comer hojas frescas y libar el rocío mañanero, acabar metida en un capullo te resultará chocante. Si, además, empiezas a padecer cambios en tu estructura, te brotan unas alas y te salen unas patas kafkianas, pasarás momentos de verdadero pánico. El resultado final será una polilla que, con su vuelo inestable, acabe frita en cualquier farola del paseo marítimo o, lo que es peor, chocándose contra alguna ventana de camping barato. Nadie ha dicho que una cosa sea mejor que la otra, y sobre gustos no hay nada escrito.

CUALQUIER IDIOTA SUPERA UNA CRISIS, LO JODIDO ES EL DÍA A DÍA

Es muy frecuente que, frente a un vuelco de la vida, la peña se espabile. Tengo ejemplos de toda clase: empresarios que han acabado en servicios de limpieza, enfermos que cambiaron sus hábitos para volverse más saludables. Cuando la vida te patea el culo, casi seguro que te vas a apañar. Lo que cuesta de verdad es el compromiso con lo cotidiano. Mantener buenas costumbres, educar a los hijos, cuidar de los que quieres y aguantar a hermanos idiotas o a padres horribles es duro y complicado. Si estás en una situación así, te mando mi más profunda admiración y respeto.

NO LE DES MUCHAS MÁS VUELTAS, ERES PARTE DEL ENTRETENIMIENTO DE LA VIDA

Nunca te han contado que la vida es un circo romano. Hay emperadores, patricios, esclavos y encuentras también mártires, pobres desgraciados que son despedazados en terribles torturas. Verás a gladiadores, cortesanos, legionarios y gente de distinto pelaje. La vida se entretiene contigo y los dioses se deben de partir el culo viendo nuestras preocupaciones.

No hay que darle demasiada importancia, la existencia es efímera. Seguro que lo sabes.

QUE TE ACOSEN NUNCA TE HACE MÁS FUERTE, AL CONTRARIO, TE ROMPE. LA ÚNICA MANERA DE SALIR ADELANTE ES SENTIR APOYO

Sentirte acosado es uno de los grandes sufrimientos a los que espero que no tengas que enfrentarte. Si has estado sometido a algún tipo de ataque, lo sabes mejor que nadie. Es una experiencia que no va a hacerte más fuerte, sino que, por el contrario, te enloquecerá. Quien no lo ha sufrido no puede entender lo doloroso que resulta. Tratas de defenderte, preso de la ansiedad, el miedo y la depresión. No conozco a nadie que tras algo así salga beneficiado con la excepción del Joker. Frente a una situación como esa, necesitas apoyo. He visitado en mi consulta a muchas personas que, reventadas por una situación abusiva, reciben consejos bienintencionados que no pueden llevar a cabo. El acosado cae en la trampa de la queja, porque se siente tan dolido que necesita reconocimiento. Reforzar emocionalmente al hostigado es la única manera de ayudarlo. Nadie puede ir a la guerra solo, eso lo aprendí en las peleas de mi barrio.

DE ALGUNAS COSAS PUEDES SALIR REFORZADO, PERO NUNCA INDEMNE

«¡De esta saldremos mejores!».
¿Recuerdas esa frase? El entorno siempre tiende a evitar tus lamentaciones. Parece que a esta sociedad le molesta cuando alguien está mal. Por eso, ofrecemos consejo rápido y tratamos de que los demás no muestren demasiado su debilidad. Pretenden aliviar a alguien obligándolo a pensar en positivo o invitarlo a sacar aprendizajes de las dificultades. Si bien es verdad que una persona inteligente obtiene lecciones valiosas de lo que le sucede, hay pérdidas y problemas que parecen no tener remedio. No veo las conclusiones positivas que conlleva perder a un ser querido, por ejemplo. Que te despidan con cincuenta y ocho años más que hacerte crecer te llevará a la miseria. Es vital observar en qué situación se encuentra el que se queja y apreciar sus dificultades. No todo el mundo es tan campeón como tú. Recuerda que, frente a los embates de la vida, puedes salir tanto reforzado como tocado.

NO ME DES LAS GRACIAS, BASTA CON QUE ME LAS RÍAS

Sé que estoy jugando con las palabras, aunque voy a decirte algo: si un amigo te brinda su ayuda, no tienes por qué darle las gracias. Sí, lo haces por educación, pero no hace falta. En una ocasión, mi pana Miguel me invitó a pasar unos días en su casa. Al entrar en ella, me dijo: «No la he ordenado porque eres mi amigo. Si no lo fueras, lo habría recogido y limpiado todo». La casa estaba bien, pero era evidente que alguien vivía en ella. Su comentario me hizo pensar. Me estaba diciendo que ser amigos significaba no forzar, y me dio la bienvenida a su casa como la vivía. Ser bien recibido, en el sentido emocional, es reír las gracias del otro, aunque muchas de ellas no sean perfectas. Te acepto tal y como eres, aunque eso no quiere decir que no puedas comentar tus diferencias con esa persona: tan solo te advierto de la importancia de ser respetuoso.

CUANDO ACABE DE FREGAR LOS PLATOS, SOÑARÉ EN GRANDE

Los grandes propósitos suelen atraparme mientras estoy en el súper. Casi siempre ando liado con las miserias de la vida, ya sabes, llenar la nevera, cocinar, limpiar el váter, y cosas por el estilo.

Si consumes alguna red social, estoy convencido de que has visto vídeos o publicaciones que te alientan a pensar como si fueras Steve Jobs hasta el culo de cocaína. Para embarcarte en proyectos ambiciosos, has de tener cubiertas algunas cosas básicas. El propio Jobs empezó su emprendimiento en un garaje. ¿Qué significa esto? Que sus padres tenían una casa con garaje y que desde ese lugar es más fácil emprender. Eso no le resta mérito, tan solo es un dato que tener en cuenta. Seguro que algún magnate chino salió de las cloacas de Shanghái, pero no es lo habitual. Nunca olvides que cuando alguien te dice que va a ayudarte a conseguir tus sueños lo más probable es que sea al revés y tú lo ayudarás a cumplir los suyos.

AUNQUE ME CONVENGA, NO TENGO TIEMPO DE SER UN HOMBRE DIFERENTE

No es raro que la gente que te quiere te pida cambios. Puede que logres implementar algunos, como guardar la ropa en el armario o limpiar el coche de vez en cuando. Yo he llegado a ver cosas espectaculares, por ejemplo, expresar más los sentimientos o aprender a poner algunos límites. Por mi curro de psicólogo leo, y he leído, infinidad de libros sobre el tema, y casi siempre pienso que tal vez me convendría cambiar. Ser una persona vitamina o convertirme en un fulano menos tóxico seguro que es muy bueno. Lo que pasa es que ando muy ocupado siendo yo mismo y no dispongo del tiempo necesario para ser tan perfecto como el Barça de Guardiola. Nunca serás la persona que no eres, confórmate con sacarle un poco de brillo a quien eres en realidad.

ERES EMOCIONALMENTE FIABLE CUANDO DEJAS DE QUERER QUE LA VIDA SEA FÁCIL

No hace mucho atendí a un hombre que tenía más de cincuenta años. Estaba enfadado con sus hijos, su pareja, su trabajo y la política. Nadie cumplía, al parecer, con sus expectativas. A ver, puedes tener los deseos que quieras acerca de los demás, pero, cuando son poco realistas, te lo harán pasar como el culo. Pretender que la vida sea fluida y sin sobresaltos más que ingenuo es gilipollas. Lo sorprendente para mí es que a algunos les sorprenda que les sucedan cosas terribles. La estabilidad es saber que los tiempos buenos pasan y los malos también. Alguien dijo una vez que la vida son ciclos, si te lo curras, igual los buenos duran más, pero el azar también cuenta y la suerte, buena o mala, siempre se esconde detrás de las matas.

PREOCÚPATE POR TU ADULTO EXTERIOR

Descarta que tu niño interior sea un capullo. Eres lo que haces, y lo mejor es que seas sincero contigo. Si mirarte el ombligo e investigar tu pasado te está sentando fatal, es el momento de preguntarte qué es lo que estás haciendo ahora, en el día a día. Revisar las miserias presentes y cuidar de los tuyos es la manera de avanzar. Como psicoterapeuta, mis pacientes y yo hemos lidiado con sus historias vitales. A veces, eso ha sido de ayuda, y en otras ocasiones hemos tenido que dejar de hacerlo porque no resultaba útil. En esos casos fue mejor centrarnos en lo que se podía realizar hoy. Vives en comunidad, no estás solo, y lo que hagas te devolverá una imagen de ti mismo. Tú sabrás la que quieres dar, que ya eres mayorcito.

TOLSTÓI DECÍA QUE AMAR A ALGUIEN ES QUERERLO TAL COMO ES. SIRVE PARA TI MISMO

Si amas a una persona es porque te gusta como es en toda su integridad. Debería gustarte hasta el olor de su caca.

Estoy convencido de que piensas como yo sobre esto y que consideras que hay pocas personas a las que quieres de verdad. A lo que ando dándole vueltas es al hecho de que una de esas hacia las que sientes amor total deberías ser tú. Tendemos a posponernos, a olvidar lo que nos gusta, y eso es una manera de descuidarse. Haz caso a Tolstói y ama a quien quieras como es, incluyéndote a ti mismo.

LA SABIDURÍA ES SABER ORGANIZAR EL PESIMISMO

La actitud positiva y la cultura del esfuerzo están sobrevaloradas. Ser demasiado optimista y sacrificado podría llevarte a cometer errores desgraciados al no prever las dificultades que pueden pasar. En mis cursos de formación de psicólogos y sanitarios suelo hablar de lo difícil que resulta cambiar sin sufrir recaídas. Un hábito está tan instalado en ti que, si dejas de estar atento, vuelven los viejos patrones de conducta. Eso es así porque eres humano y tu cerebro es una máquina de costumbres. Atiende bien a lo que voy a decirte: si una recaída entra dentro de lo previsible, debería estar incluida en el tratamiento. Te pongo un ejemplo: visité a una señora que quería adelgazar y que llevaba toda su vida a régimen. Me contó que aguantaba cuatro días haciendo dieta, pero al quinto se la saltaba y se desanimaba. Sentía tanta frustración al recaer que acababa comiendo más para consolarse. Se decía a sí misma que no tenía voluntad, que no servía y abandonaba su propósito. Llamé a su dietista y le sugerí hacer un plan de tres días de comida saludable y uno de recaída planificada. Seguí el caso durante nueve meses, en los que la señora adelgazó doce kilos. Aunque te sorprenda, el pesimismo organizado es mejor que ser un ingenuo y pretender que todo salga bien a la primera.

NO SOY VALIENTE, LO QUE PASA ES QUE ME DAN MIEDO OTRAS COSAS

Si te comparas creerás que los demás están por encima de ti. Lo aprendes en el primer curso para ser persona y es así porque siempre perdemos en las comparaciones. Tu mamá nunca te dijo: «Eres más lista que tu prima o tu hermano», lo normal es que el modelo sea alguien que hace algo mejor que tú. El problema aparece al creer que por eso esa persona es por completo excelente. Así de gilipollas es el cerebro cuando generaliza. Tu coco acaba pensando: «Como María es más ordenada que yo, es mejor que yo». Eso es una mierda de manera de pensar, pero no es fácil cambiarla. Sin ir más lejos, mi hermana me dijo que era valiente por haber tomado una decisión y pensé: «He elegido este camino, pero me acojonan otras cosas en las que tú no titubeas».

SI TE CAES SIETE VECES, CAMBIA DE ENTRENADOR. LA VERDADERA VICTORIA ES SALIR INTACTO

Hace unos años visité Okinawa, la cuna del kárate. Mi maestro me habló de la filosofía de ese arte marcial y acabó la conversación diciendo: «El kárate, como la vida, va de no perder». Fue una frase chocante que aún flota en mi cabeza. Siempre me habían contado que «si te caes siete veces, levántate ocho», lo cual es absurdo. Puedes caer una vez, o dos, pero si vas al suelo siete veces, eres gilipollas. Cuando boxeaba tenía claro que no siempre se gana, lo importante es no recibir castigo. Recuerdo un combate en el que perdí, pero mi adversario acabó en el hospital con la cara como un mapa mientras yo me iba a cenar con mis amigos.

DEJA QUE REIVINDIQUE MIS «MEDIAS CAPACIDADES»

Veo cierto orgullo cuando alguien me dice que su hijo o hija tiene altas capacidades. Hay tantas personas con esa peculiaridad que se está convirtiendo en algo normal. En el parque escuchaba a varias mujeres hablando de lo especiales e inteligentes que eran sus hijos y, como eso es hereditario, decir que tu Laurita es superdotada te convierte en un Einstein de manera automática. La cuestión importante es que tener altas capacidades se acerca más al infortunio que a la bendición de los astros. He tratado a decenas de personas con esta condición y se han sentido maltratadas y solas en el amor, el trabajo y la familia. En mi caso, suelo alardear de una inteligencia del montón que me permite, al menos, cagar acertando en el agujero.

SI VAN DETRÁS, NO VAN DELANTE DE TI

A mí lo que me gustaría es ser un verdadero artista, como mi amigo Robert el Supercreativo. Como todas las cosas, tiene sus pegas, por supuesto, pero sacarle partido a la imaginación es algo que me da mucho placer. A menudo tengo la sensación de que mi cabeza es como una máquina de palomitas, como las que hay en los cines del centro comercial. ¡Pop, pop, pop!, así funciona mi cerebro. A veces, brotan tantas ideas que sufro por quedarme con la sensación de que no puedo hacerlas todas o de que las dejo a medias. Si eres creativo, piensas de manera diferente y descubres lo que los demás no ven. A veces es una putada, si no llegas en el momento adecuado. Si eres un visionario que aparece con treinta años de anticipación, te parecerá que predicas en el desierto. Te conviene ser capaz de transformar tus ideas en hechos en la situación propicia, para no sufrir como una cobaya en un laboratorio farmacéutico de la India. En el supuesto de que logres ser a la vez creativa y realizadora, te imitarán. Y aunque vayas a la psicóloga, que te plagien jode. Cuando me lamentaba por las copias ajenas, mi padre solía decirme que era el precio que pagar por ir delante.
Los que van detrás son ellos, recuérdalo.

NACES CUANDO LA VIDA TE OBLIGA A PARIRTE A TI MISMO

Leí en algún libro que uno solo se convierte en persona cuando renace de sus cenizas. No me parece una mala definición. Atendí a una entrenadora a la que todo le había ido bastante bien en el pasado. Me contó que había tenido una temporada de mierda y que le habían surgido problemas como setas durante los últimos meses. Estaba afectada y triste, se había sentido traicionada por el equipo y eso le había dolido. Aun así, los resultados finales habían sido bastante buenos y cuando la visité parecía estar resurgiendo de las cenizas en una especie de renacer. Ahora, en la nueva temporada, espera recuperar su confianza. Si me hubiera dicho que quería volver a ser la de siempre, me habría preocupado, porque después de un terremoto puedes hacer una reconstrucción, pero no vuelves al estado anterior de las cosas. Recuperar la confianza supone haber digerido bien el suceso y saber que, si hay nuevos inconvenientes, podrás apañarte.

FUI EL TIPO DE NIÑO QUE TENÍA TALENTOS QUE NUNCA AFLORARON EN LA ESCUELA

La escuela no fue un lugar en el que pude expresar mis habilidades. Estar sentado, obedecer, memorizar y portarme bien no era lo mío. Lo pasé de puta pena y, por eso, he entendido bastante bien las dificultades de mis hijos o mis pacientes en el colegio. No sé por qué se empeñan en que las personas tengan un pensamiento, una vida y unas relaciones uniformes, por ejemplo. Es más aburrido que el paisaje de Holanda, para qué mentir. Si has sido de los míos y la escuela te ha jodido bien, debes saber que, a lo mejor, te pasa como a mí, que ahora que soy mayor puedo hacer lo que me apetece y me sale bastante bien. He empezado ahora a creer en mí. Durante décadas pensaba que era un inculto y que no podía esperar demasiado de la vida, pero ¡mira por dónde! Ser mi propio jefe me ha hecho pensar que no estoy tan mal.

SÉ LO ESPABILADO QUE ERES VIENDO CÓMO REACCIONAS A UNA HOSTIA INESPERADA

En el boxeo se demuestra la inteligencia cuando recibes un golpe que te desarbola. Puede que el impacto te mande a dormir a la lona más allá de la cuenta de diez. Si es así, no hay nada que hacer, salvo cuidarte bien y prepararte mejor para la próxima ocasión. Cuando el golpe te daña pero no acaba contigo, los segundos que siguen de inmediato al porrazo son vitales. En ocasiones has de lanzarte a muerte para intercambiar golpes y demostrarle al adversario que no vas a rendirte, pero en otras lo mejor es dejar que pase el tiempo, maniobrando a tu favor y protegiéndote de un nuevo golpe. Saber que el combate no acaba hasta que bajas del cuadrilátero te ayuda a no precipitarte. La vida es un deporte de contacto, de modo que siempre corres el riesgo de llevarte un par de moretones, pero eso no tiene por qué ser definitivo si sabes jugar bien tus cartas.

SER HUMANO ES CONTRADECIRSE. LO DIFÍCIL ES HACERLO EN LA MEDIDA JUSTA

La lucha contigo mismo es un indicador de que eres una persona como yo. Lo normal es que, si ayer pensabas una cosa, hoy creas algo diferente, ¿qué tiene eso de malo? Lo jodido de verdad es no cambiar. Me aterra esa gente que me dice: «Siempre he sido así, nunca modifico mis valores, opiniones, etcétera» y mierdas por el estilo. Me dan miedo porque pienso que están encantados de ser quienes son, y no tienen demasiada esperanza de mejora. La contradicción te avisa de que existen diferentes visiones dentro de ti y que tienes el valor de explorarlas. Ojo, tan pesado como estar embelesado de ti mismo puede ser navegar a todas horas en un mar de dudas e indefinición. Eso es estar muy cagado. La madurez personal llega cuando, a pesar de no estar del todo convencido, acabas arriesgando y soportando las consecuencias de tu decisión. ¿Qué has de hacer para llegar hasta ahí? Aprender que casi nunca te sentirás satisfecho del todo y aun así seguir viviendo.

NO ESTÁS LOCO, SINO EN LA PELI EQUIVOCADA

Uno de mis pacientes, Juan, me contó su angustia después de mantener durante más de veinte años una relación. Tenía un par de hijos con su pareja y se pasaba la vida discutiendo con ella sobre cualquier cosa. Es difícil que dos personas que se habían querido tanto tuvieran puntos de vista tan diferentes después de tanto tiempo de relación. Juan estaba desanimado, y se cuestionaba a sí mismo a todas horas: «¿Y si mi mujer tiene razón y soy un puto loco que no entiende nada?», me soltó entre lágrimas. A lo largo de varias sesiones desgranamos su vida, parecía que, en cualquier otro contexto, Juan funcionaba a la perfección. No tenía problemas en el trabajo, lugar donde lo valoraban y era muy querido. Con su familia de origen, aun con diferencia de criterio, lograba manejarse bastante bien. Tras un tiempo, Juan y su pareja se separaron, le costó bastante llegar a acuerdos con la mamá de sus hijos, pero al final lo logró. El día en que le di de alta en nuestra terapia me dijo: «Víctor, no estaba loco, tío. Estaba en la peli equivocada».

PROVOCA, LA AUDIENCIA NUNCA TE PERDONARÁ QUE LOS ABURRAS

Si me preguntas quiénes son mis ídolos, me daría para otro libro porque soy un mitómano. Me pierde la gente con historias interesantes detrás, pero si tuviera que elegir a alguien, ese sería sin dudar ni un instante Pepe Rubianes, un provocador que no dejaba títere con cabeza. Hay personas que lo odiaban, pero en la vida has de atreverte a dejar claro en qué acera estás. Con esto no te estoy diciendo que te conviertas en Freddie Mercury, solo te aviso de que, si eres tan plano como la pasión de un robot desconectado, no interesas.

SOLO HAY UNA MANERA DE ENCONTRARTE A TI MISMO: DEJAR DE MIRAR A OTROS

Por suerte, no eres tu cuñado el gilipollas. Por desgracia, no eres Michael Jordan. Tu cerebro tiene unas prestaciones tan brutales que puede hacer miles de cosas al mismo tiempo. Una de las habilidades que posee es buscar referencias externas constantemente, modelos a los que parecerte. ¡Y vete tú a saber por qué motivo eliges unos y no otros!

La clave está en dejar de hacerlo llegado un punto. Para saber en qué adulto te has convertido, debes tener la valentía de examinarte a fondo. No desde el juicio, que eso seguro que lo haces de puta madre, sino desde la compasión. Revisar, también, tus cosas buenas, siendo capaz de mirar las menos excelentes con los ojos de un experto en reciclaje. Como esas artesanas que compran una mierda de mueble en Wallapop y lo convierten en la mejor mesilla de noche de tu vida. Dejar de mirar a otros no supone despreocuparte del mundo y que la gente te importe una mierda, que te conozco, quiere decir dejar de ser tan tonto.

DIME QUE ME SEGUIRÁS QUERIENDO Y ME ATREVERÉ A DECIRTE QUE NO

No saber decir «no» es un motivo de consulta bastante común. En las redes sociales y en el *interné* muchas de mis compañeras y compañeros vociferan para que aprendas a poner límites. Cuando esas fronteras equivalen a decir que a alguien la cosa no es tan sencilla como ponerle voluntad. No es tan fácil como decirte a ti mismo «Di que no, ¡¡joder!» y hacerlo.

Aceptas cualquier mierda porque no soportas que te miren con ojos de «¡Qué mala persona eres!» o porque tienes terror a que dejen de quererte. Si que te amen por encima de todo es importante para ti, le dirás que sí hasta al payaso de *It* si pide tu mano. Desde esta perspectiva, como puedes apreciar, no es nada fácil decir que no ni poner límites a los que son importantes para ti. Así que la pregunta que puedes hacerte es «¿Qué probabilidad hay de que esta persona deje de quererme si le digo que no?». Si tu respuesta es superior a un treinta por ciento, más que ponerle límites necesitas un poco de terapia para estudiar lo que conviene hacer.

EL MUNDO NO ES LO QUE VES. SOLO PERCIBES AQUELLO QUE ESTÁ EN TU CULTURA Y, PERDONA, PERO ESTA ES BASTANTE FLOJA

No seas iluso, no tienes ni puta idea de la realidad. Solo ves aquello que tu conocimiento del mundo te permite atisbar. Configuramos la existencia llevando unas gafas que limitan nuestra percepción. Ampliar tu cultura, leer, estudiar, viajar e interesarte por los demás son recursos necesarios para no convertirte en un español con un cubata en la mano. No se trata de saberlo todo, para eso ya está el hermano de tu pareja, la cuestión es ser curioso y no dar nada por hecho. El filósofo chino Lao Zi decía: «El sabio no da nada por supuesto y se sorprende cuando salta el grillo». A la gente le va a encantar que le preguntes de manera amorosa por sus circunstancias, sus anhelos y sus preocupaciones. Los demás son como tú, no necesitan consejos, quieren que los miren sin juicios. El secreto para ser culto es acercarte al mundo ajeno como un antropólogo, no como una máquina expendedora de recomendaciones de mierda.

DESPUÉS DE GANAR UN MONTÓN DE COMBATES, ENVEJECÍ Y TODOS QUERÍAN PEGARME. NO ECHO DE MENOS ESAS PELEAS, AHORA VEO NETFLIX

A lo mejor eres competitivo o quizá no. Todo tiene su momento y su lugar. Cuando era deportista, me pegaba con quien tuviera delante, y durante un tiempo gané muchas peleas. A medida que me hacía mayor, empecé a perder algunas facultades, era menos fuerte, menos rápido. Al principio me apañaba con las tablas que me daba la experiencia, pero acabé siendo un tipo fácil de cazar. Mis adversarios eran unos pendejos que solo buscaban machacarme, de modo que lo dejé antes de que me hicieran daño de verdad. Como ahora me dedico a otras cosas, no echo de menos aquellos tiempos. Hago mi trabajo lo mejor que puedo y me dejo distraer. Leo, veo una peli o voy al teatro, me emociono con facilidad y puedo decirte una cosa: también tú verás series aburridas. ¿Será eso hacerse mayor?

LA CRIANZA ES ADIESTRAMIENTO, CUANTO MÁS ABURRIDO ES EL NIÑO, MÁS FELICITAMOS A LOS PADRES

Fui más movido de adolescente que de niño. En mi infancia solía refugiarme en un mundo de sueños y juegos. Algunos se han cumplido, aunque muchos otros no. En eso soy del montón. Las hormonas me convirtieron en un personaje más activo sin perder la capacidad de soñar. Fui un fracaso escolar, pero aprendí mucho sobre las relaciones, sobre hacer planes y sobre cómo buscarme la vida.

La separación de mis padres dio rienda suelta a mi creatividad y me gané la vida como pude haciendo lo que siempre quise hacer. Me sentí libre y responsable de mí mismo. Hoy en día veo a muchos padres sufriendo y que tratan de hacer pasar a sus hijos por el embudo de una sociedad gris y previsible. Esa en la que unos viven bien a costa de la masa aburrida, explotada y anestesiada por el maná que suponen esas pequeñas cosas a las que todos tenemos acceso: un móvil, un patinete eléctrico y una Pepsi de dos litros. Felicitaré a tus padres si eres un tipo normal y aburrido, uno que pone sellos en una estafeta de correos salida de un cuento de Dickens. Han tenido éxito en cortarte las alas y en ocultar al mundo aquello que te hacía especial. No sé si tienes hijos, pero aún estás a tiempo de mirarlos y cuidar de sus alas para que vuelen.

LA GENTE SENCILLA NECESITAMOS MUY POCO PARA SER INFELICES

Seguro que te resulta fácil estar jodido de verdad. Eso es de buena gente, por supuesto. Enredarse con la vida es tan simple que lo raro sería no hacerlo. «La vida es tan liosa como un plato de espaguetis», solía decir mi abuela. Tuve un paciente una vez que me contó que solo podría ser feliz si encontraba pareja. Conversamos y me di cuenta de que era un fulano exigente, no le valía cualquier persona. El diseño de su compañera ideal era tan enrevesado que lo más probable es que, si existiera alguien así, pasara de él como de comer mierda.

En una de las sesiones le comenté: «¿Eres consciente de que entre los tres mil quinientos millones de mujeres que hay en la Tierra puede que no haya nadie como tú deseas? ¿Has pensado que si, por fortuna, encuentras a esta persona, a lo mejor no le gustas? ¡Tienes tres mil quinientos millones de probabilidades de ser infeliz!». Se quedó pensando un rato y me pagó la sesión. No vino nunca más y me dejó reseña de mierda en Google.

LA AUTOESTIMA DEBERÍA SER UN DESCANSO, NO UNA OBLIGACIÓN

Le he dado muchas vueltas al concepto de la autoestima, y la verdad es que hay un par de cosas que me resultan muy claras. La primera es que querer ser otra persona se traduce en una fuente de sufrimiento muy grande. Estoy harto de ver quien se deja la piel intentando hacer cambios sobre sí mismo que nunca logrará. Se trata de cosas que están muy lejos de su naturaleza. Igual que si eres alto, no puedes ser bajo, ocurre con frecuencia que personas desbordantes de creatividad pretenden ser operarios de una cadena de montaje de sus vidas. Hay trasformaciones que no conseguirás ni de coña, y eres inteligente cuando sabes cuáles son para dejar de esforzarte. Lo segundo que sé sobre la autoestima es que, cuando logras saber lo que te aleja de ti, puedes dejar de machacarte. Hacerte amigo de ti mismo es dejar de pedirte cambiar. Eso, querido, es un descanso.

MÁS QUE POSITIVO, SÉ DIGNO

Si eres de los que disfrutan viendo pelis de Disney, voy a contarte que las cosas no siempre tienen un final feliz. Por si no lo sabes, no es normal que la india rebelde se case con el galán caucásico con cara de tonto engominado, ni la rebelión acaba con el Imperio Galáctico. Bienvenido al mundo real, aquí hay injusticias, mala suerte y mierdas de todo tipo que no vas a poder controlar. Si eres un optimista de serie, y ves el lado bueno de las cosas al instante, no voy a negar que eres una persona afortunada, pero solo con actitud muchas de esas pendejadas de la vida no van a cambiar. No sé si Rosa Parks, cuando se sentó en el autobús en el lugar que les correspondía a los blancos, lo hizo desde el pensamiento positivo. Creo, más bien, que estaba hasta el coño de soportar la injusticia. Tras eso se lio una buena, lo que llamo una «revolución de los esclavos», es decir, movimientos sociales, manifestaciones y también heridos y muertos. Es solo un ejemplo de lo que llamo «dignidad». Espartaco, el líder de la revuelta de los esclavos, acabó crucificado junto con otras seis mil personas en la vía Apia. Una muerte injusta y terrible pero digna, porque sucedió al defender sus derechos y los de los demás.

No quiero que acabes colgado en una cruz en la Gran Vía, y lo sabes, pero no me gustaría ver en ti los ojos mansos del tío Tom.*

---

* El Tío Tom es un personaje de la novela *La cabaña del tío Tom* de Harriet Beecher Stowe. Se trata de un esclavo obediente y sumiso que acepta su destino y su situación de víctima del maltrato racial.

UN ADULTO ES UN NIÑO QUE LLEVA AÑOS REPITIENDO CURSO

No te creas que por tener cuarenta años has perdido tu espíritu infantil. Si te alegras por estrenar un móvil nuevo o, como yo, adoras pasar por un túnel de lavado, eres más niño que Jesús en el pesebre. Muchas de las movidas emocionales que te ocurren suelen ser meras repeticiones de cosas que te sucedieron en la infancia y que no has descubierto cómo manejar. Tranqui, no te estoy enviando a hacer una terapia, tan solo quiero que te des cuenta de que puedes ser víctima de la repetición si no has desvelado algunos aspectos de tu vida. Las emociones se repiten en situaciones que, aun pasando inadvertidas para ti, son calcadas a escenas y leyes que aprendiste siendo una criatura. No siempre podrás modificar tu pasado, ni es necesario dedicarle toda tu energía, pero no te va a ir mal ser consciente de las cosas que te duelen. En una ocasión un compañero mío, un tal Rafa, me comentó muy serio: «Mi peor defecto es que soy desordenado». Pensé que solo un gilipollas presuntuoso como él podía no percatarse de las miserias que colgaban de su persona igual que esos adornos que penden de un árbol navideño de película yanqui de Navidad.

Tal vez crecer sea tener la habilidad de aprobar algunas de las asignaturas que te quedaron en la infancia, aunque sea con un cinco. Así podrás liberar el disco duro de tu mente para cuidar de la gente que quieres sin interferencias.

PUEDES IMITAR A ALGUIEN, PERO NO DEJES QUE SE NOTE

«Los grandes artistas copian, los genios roban». No sé qué clase de persona era Picasso, pero era un genio, el cabrón. Esta es una de sus frases que más me gustan. Lo normal en esta vida es copiarse cuando alguien lleva el examen mejor preparado que tú, pero has de ponerle tu gracia o quedarás como un inútil. En cierta ocasión, mi amiga Laura puso un examen a sus alumnos de la universidad. En él figuraba una pregunta cuya respuesta era «familia nuclear», la constituida por los padres y los hijos, por ejemplo; si tú y tu pareja tenéis dos hijos, tu familia nuclear está formada por cuatro elementos que viven juntos. Bueno, al caso, una de las mejores alumnas respondió de manera equivocada. En lugar de contestar «familia nuclear», puso «familia atómica». Cuando mi amiga corrigió el examen descubrió que doce alumnos habían respondido familia atómica. Como puedes imaginar, quedaron retratados.

Esta es mi recomendación para ti: imitar es humano, pero si lo pasas por tu propio ADN las cosas lucirán diferente. Esa es la belleza de un buen perfume, se mezclará con tu aroma personal y creará algo único. La verdad de la vida se esconde tras tu propio aroma y una buena colonia, no te bañes en Nenuco, hazme el favor.

SI CRECES LO SUFICIENTE, TE EXPULSARÁN DE ALGÚN PARAÍSO

Cuenta la leyenda que a Eva y a Adán los echaron a patadas del Edén por comer el fruto prohibido del árbol del conocimiento. Eso es lo que sucede cuando despiertas y ves lo que está oculto tras las mierdas que nos quieren vender. Recuerdo una vez en la que asistí, a una conferencia informativa que daba un suizo sobre un programa informático con el que se esperaba que hicieras una terapia tan fácil a los pacientes como quien hornea madalenas. Se trataba de un rubio guapo y en forma, ataviado con un traje que costaba más que mi Dacia. A los cinco minutos de cháchara, dejé de interesarme por el producto. A partir de ese momento, debí de hacer cambios observables en mi conducta, y dejó de mirarme. Se centraba en los que se mantenían interesados en su *software*. No me echó a la calle como si fuera un borracho en una discoteca pija, pero me expulsó del paraíso de su atención. Así parecen funcionar las cosas; si sabes que el *saloon* de la ciudad es un mero decorado, corres el riesgo, o la suerte, de que te expulsen del jardín del Edén.

UN NIÑO ES UNA PERSONA, JODER

Puede que te parezca un tipo agradable, pero soy un ogro. Hay cosas por las que me cuesta mucho pasar, y una de las que me pone loquísimo es cuando la peña abusa de los diminutivos. Entiendo que es una manera de hablar, pero en una ocasión tuve un desencuentro con una profesora de mi hijo. Concertamos una tutoría y conversamos sobre los niños. Hablamos de mi hijo, el pequeño, y en un momento dado la mujer dijo: «Es una clase maja, son unas personitas que tienen sus cosas, pero me encantan». ¿Perdón? ¿Personitas? No sé qué pensarás, si eres buena gente, seguro que vas a opinar que era un diminutivo afectuoso, no sé qué decir. A mí me parece que un niño es una persona, con todas sus letras.

    Merecen mi respeto, no una mirada paternalista. Quererlos no pasa por infantilizarlos aún más ni por convertirlos en adultos. Habrá que tratarlos como toca, pero no podemos negar que, a pesar de su momento de construcción, son personas en su totalidad.

NADA ES LO QUE PARECE. PARADOJAS

SI TE CONOCES A TI MISMO, ERES SUPERFICIAL

«Conócete a ti mismo» puede leerse en la entrada del templo de Apolo en Delfos. Basándonos en esta frase, uno mira hacia dentro intentando descubrir la persona que es. Lo que me hace gracia es que el absoluto conocimiento de uno mismo es una quimera, un imposible. Te engañas más que Brad Pitt cuando se siente feo. Conocerte no es una finalidad, sino un proceso inacabable. Es acción, no un logro.

Hay cosas de ti que nunca llegarás a descubrir, tienes recovecos que solo ven los demás. En realidad, albergas tantos puntos ciegos que tropiezas más que Stevie Wonder en el primer día de las rebajas de El Corte Inglés. De este modo, cuando alguien me dice «Me conozco a mí mismo», me da un poco de risa. Si no sabes qué y cómo estudiarte, solo ves lo que te mola conocer. Todos tenemos un camión de basura interno, lo difícil es llegar a la planta de reciclaje. Si eres humano, bienvenido al pozo sin fondo. Descubre cosas sobre ti, pero no pretendas llegar a la verdad. No existe.

NO DEJES QUE TE ENGAÑEN LOS QUE DICEN LA VERDAD

En una ocasión visité a una familia que tenía un problema con su hija adolescente. Me dio por preguntarle a cada uno su versión de lo que sucedía. Uno por uno fueron contando su perspectiva de los hechos. La última en hablar fue la madre, que empezó su explicación diciendo: «Todo lo que han dicho ellos está muy bien, pero yo te voy a contar *la verdad*».

No hay nada más falso que pretender estar en posesión de la autenticidad absoluta. Eres un ser imperfecto que tiene, siempre, una versión de la realidad. ¿Conoces la historia de los ciegos y el elefante? Sucedió en la India, donde un elefante se coló en una residencia de invidentes. Los tres sabios del lugar se abalanzaron sobre el animal para describirlo a los demás. El que se agarró a la pata dijo: «¡Es como una columna!»; quien sujetaba una de las orejas del animal exclamó: «¡Miente, es como una manta rugosa!», el tercer sabio, que tenía la trompa en sus manos, dijo tranquilamente: «Además de ciegos y, mentirosos, ¡ha venido a visitarnos una manguera gigante!».

LA PERFECCIÓN CONSISTE EN SER IMPERFECTO

Hay un disco perfecto que marcó la historia del jazz. Se trata de *The Köln Concert*, de Keith Jarrett. En su día vendió más de veinticuatro millones de discos. Una barbaridad para la época. En el momento de su publicación se consideró el disco perfecto. Hasta ahí parece que no haya trampa. Se trataba de la actuación, frente a una audiencia entregada, de un joven virtuoso. ¿Por qué te cuento esto? Fácil, como Jarrett era un artista novel, al llegar con el tiempo justo al auditorio, lo confundieron con el afinador. Habían colocado una mierda de piano, que además estaba desafinado, en el escenario. Sin tiempo ni autoridad para montar un follón, Jarrett hizo lo inesperado: tocar con el instrumento desafinado. Adaptó sus manos, y su manera de interpretar, a ese teclado imperfecto que hubiera destrozado a cualquier otro músico. Lo mismo sirve para ti, aunque desafines en algunas cosas, la gracia está en convertir el plomo en oro, colega. Haz lo que puedas para que tu imperfección sea perfecta para algo en lugar de luchar contra ella.

EL SEXO DÉBIL ES EL QUE TIENE PERIODO REFRACTARIO

No soy nadie para hablar sobre las guerras de sexos, y mucho menos ahora. Siempre se había dicho esa mierda del sexo débil. Soy incapaz de considerar débil a una persona. Nunca tengo idea del peso que carga, y mucho menos de sus circunstancias. Soy consciente de mi propia debilidad, como dijo Oscar Wilde, «puedo resistirlo todo menos la tentación», y eso me hace frágil y vulnerable. Ser fuerte no va de tener abdominales o levantar peso muerto, tiene que ver con no sufrir periodos de flojera tan grandes como para que te desconecten de la vida. Soy muy amante de los artistas o los deportistas prolíficos. Conocí, durante las Olimpiadas de Barcelona 92, al triple campeón olímpico de peso pesado Félix Savón, un boxeador que durante doce años no falló en los momentos importantes. Doce años, campeón local, del Caribe, de Latinoamérica, mundial y olímpico. Año tras año, superando gripes, lesiones, problemas familiares... me parece una barbaridad. Seguro que hubo momentos malos, y este tipo logró apañarse. A ver, no nos flipemos, ni tú ni yo somos Savones, pero no nos iría mal reducir nuestro periodo refractario, ese tiempo que necesitas reunir para tener una erección que tu pareja a lo mejor no precisa.

HAY QUE SUFRIR PARA NO SUFRIR

Visité a una mujer a la que su marido la había abandonado. La desilusión y el dolor la llevaron a perder algunos kilos. Me dijo, tratando de reírse de su propia desgracia: «¡Lo que hay que sufrir para tener buen tipo!». Tal vez te parezca una tontería, pero me quedé pensando en cuánto esfuerzo le ponemos a no sufrir. Si eres de los que intenta que nada se te descontrole, sabes de qué te hablo. La cuestión es que la planificación y prever aquello que puede descarrilarse, lejos de ser una mala opción, suele ser un enfoque muy realista para la vida. Los atletas de éxito se preparan hasta la extenuación para así brillar el día de la competición. Los estudiantes que hincan los codos padecen menos el día del examen. La clave, en lo emocional y en lo psicológico, está oculta en afligirse de manera eficiente. Siempre recuerdo aquella frase del monje Thomas Merton, un sabio que estudió las religiones y facilitó el diálogo entre ellas: «Me hice sacerdote no porque no quisiera sufrir, sino para hacerlo más eficazmente».

ME VAS A TENER QUE PERDONAR SI NO TE PIDO PERDÓN

Puede que pienses que soy un orgulloso, pero no voy a pedir perdón si no creo en él. No sé si te ocurre a ti, pero a veces he dañado a otros sin pretenderlo. No me cuesta sentirlo, y no son pocas las ocasiones en las que he entonado un *mea culpa*. Ahora bien, de ahí a pedir perdón por algo que no es justo hay un mundo. Considero además que el perdón, tal y como se ha dado a entender, es un acto sobrevalorado. Prefiero que me concedas otra oportunidad a que me indultes. ¿Has perdonado a alguien y luego le has cortado el grifo? Estoy convencido de que ha sido así alguna vez, no me jodas.

SOY ABUNDANTE EN LA ESCASEZ

Puedo alardear de tener poco. No sé si es algo de lo que estar demasiado orgulloso, pero soy de esa gente que está a dos meses de la ruina total. Tal vez ese es el secreto del éxito: sufrir por no saber qué pasará el mes que viene. Creo que fue el escritor Nassim Taleb quien dijo que el sueldo fijo es una de las mayores adicciones que tienen las personas. Si eso es así, estoy libre de esa dependencia. Pertenezco al club de los que nos estresamos, de los que sufrimos, de los que tenemos dolor de cabeza para llegar a fin de mes.

LA DIFERENCIA ENTRE LOS ESTOICOS DE ANTES Y LOS DE AHORA ES QUE LOS DE ANTES ERAN ESTOICOS

Vanagloriarse de ser estoico es como hacerlo de cualquier otra cosa. La sabiduría popular dice aquello de «dime de qué presumes y te diré de lo que careces». No voy a negar que muchos de los valores del estoicismo son interesantes, pero tampoco te flipes con lo que se ve por ahí. La discreción y la humildad, por decir tan solo un par, son esos pilares del estoicismo que muchos de los nuevos estoicos han abandonado en ese cajón de las pilas usadas y los clips retorcidos que todos tenemos lleno de mierda.

SI LO MEJOR ES ENEMIGO DE LO BUENO, LO PEOR ES LA VACUNA DE LO MALO

He hablado muchas veces de cómo pretender la perfección, cuando lo que tienes ya es suficiente, causa dolor. Lo que no sabes, con toda seguridad, es que frente a las circunstancias adversas ponerse en lo peor es una herramienta muy útil. Cuando las pasas canutas, intentas razonar contigo mismo y persuadirte de que todo irá bien. Si sufres a lo bestia, por ejemplo, cuando padeces un trastorno de ansiedad, esos intentos de calmarte no solo no funcionan, sino que disparan aún más tu miedo a perder el control. Para neutralizar el terror lo mejor es convocarlo y forzarlo hasta el final. Enfrentar tus escenas temidas, llevándolas al extremo en tu mente, puede ser un bálsamo al que nunca recurrirías si no te enseñan a hacerlo. Esforzarte en ser racional cuando estás despavorido no funciona. Recuerda que la imaginación siempre le gana la partida a la razón, y el miedo es escandaloso, como la sangre. Así que déjame que te descubra el secreto oculto de la buena psicología: la vacuna contra el mal rollo es concentrarte en él y llevarlo hasta el peor de los escenarios.

IGNORAR A ALGUIEN NO ES FÁCIL, LO NORMAL ES HACERTE EL LOCO

Hacer caso omiso de una persona a voluntad es algo imposible y voy a demostrártelo. Supón que alguien en tu trabajo es un ser miserable del que no quieres saber nada. Lo normal en esa situación es no prestarle atención. Domenico, un paciente al que atendí, tenía un compañero en el trabajo al que no soportaba. Había decidido ningunearlo y fingía que esa persona no existía. Aun así, se sentía incomodado por la presencia, o ausencia, del funesto colaborador. «Si no puede hacerme nada, y no tengo contacto con él. ¿Por qué me jode que exista?», se lamentaba Domenico desmadejado en el sillón de mi consulta.

Muy fácil. Te lo voy a contar igual que se lo dije a él: ignorar a alguien solo sucede si no sabes que estás haciendo caso omiso. Si lo haces a sabiendas, no lo estás ignorando, te haces el loco, y no es lo mismo.

QUERER SER UN TIPO SEGURO GARANTIZA LA INSEGURIDAD

A mí esto de la seguridad me recuerda al viejo chiste de los dos amigos que están conversando y uno le dice al otro: «Soy un tipo seguro». «¿Seguro?», pregunta el otro. «Bueno, creo», acaba respondiendo el primero. Es la eterna canción de los que se creen tan inexpugnables como la cámara acorazada del Banco de España. La búsqueda de la seguridad nace, precisamente, porque te sientes frágil. Aunque parece una contradicción, cuanto más te esfuerzas en sentirte infalible, más aparecen tus dudas. Como decía mi amigo Allan, la seguridad es para los coches. Las personas tenemos confianza. Hay una gran diferencia entre ambas ideas, aunque parecen lo mismo. La seguridad remite a una experiencia interna de invulnerabilidad, de que nada malo puede suceder. Y eso no existe si eres humano. Eres tan frágil que los sucesos que te afectan se esconden detrás de cada esquina. Puedes tropezar y hasta podría caerte un satélite en la cabeza. Es poco probable que eso suceda, pero aún lo es menos que te toque el Gordo y compras un boleto cada Navidad. ¿Cómo te lo montas entonces? Es sencillo, sales de tu casa confiado de que eso no va a ocurrir. La confianza tiene dos partes, una es la estadística, y piensas que hay muy pocas probabilidades de que algo suceda. La otra parte es saber, en algún lugar recóndito de tu mente que, si ocurre algo, te apañarás y saldrás adelante. A partir de ahora, te propongo un experimento: cambia la palabra «seguridad» en tu cabeza por «confianza».

SI TE DICE «NO SOY PIJO», ES PIJO

Mi amiga Mónica vivía en un barrio caro de la ciudad. Decía «o sea», y vestía de esa manera intemporal que puede verse en las zonas acomodadas de las ciudades. Tenía una casa impresionante en un pueblo elegante de la Costa Brava y pasaba todas las vacaciones de Navidad esquiando en Baqueira. Siempre tenía una piel bronceada y su sonrisa mostraba unos dientes tan perfectos como las perlas de un escaparate de Majorica. Cuando salíamos a tomar algo a algún local de moda, nos hacía mucha gracia cuando ella nos contaba sus aventuras de millonaria en Cadaqués. Al vernos reír mientras la escuchábamos, nos decía «¡No os penséis lo que no es, no soy una pija!».*

* Pijo, pija. Sustantivo/adjetivo coloquial. Dicho de una persona: que en su vestuario, modales, lenguaje, manifiesta afectadamente gustos propios de una clase social adinerada.

UNA COMUNIDAD DE LÍDERES ES UN LUGAR PELIGROSO

En una ocasión, no recuerdo muy bien por qué, estuve en una especie de reunión de personas que ejercían el liderazgo. Se trataba de una comunidad de gallitos en la que había competencia por ver quién la tenía más grande. Se trataba de unos encuentros entre empresarios en el que nos dábamos consejos los unos a los otros.

Pensé que reunir a tanto líder no era una buena idea y tuve la impresión de que, en un lugar como ese, lo más fácil era que se liaran a hostias. Cuando eres un gran capitán, imagino que quieres tener el mando, y si todos los asistentes a la reunión son como tú, ¿quién será el primero en agachar la cabeza? Es lo que sucede en las asambleas de vecinos del barrio. Los asistentes son los líderes de su casa y, en la comunidad, quieren tener la razón. Lo ideal sería que a una reunión así vayan los que como yo han sido los esclavos de la casa. Así, entre nosotros, es más fácil llegar a acuerdos.

NO HAY NADA PEOR QUE FOLLAR SIN GANAS

Recuerdo que iba a casa de mi tía, que vivía con mi abuela, acompañando a mi madre. Mi tía era modista y mi vieja la ayudaba cuando tenía más trabajo del que podía manejar. Mi abuela nos preparaba siempre la merienda. Madalenas y café con leche, o un pequeño bocadillo. Cuando ellas cosían, iban hablando de sus cosas y, si no querían que yo las escuchara, mi madre me mandaba a la otra punta de la casa a hacer los deberes. Una vez, cuando pasaba delante de la cocina, con la libreta de las tareas del colegio en la mano, mi abuela, al verme con cara de póquer, me miró y me dijo: «¿Vas a hacer los deberes? No hay nada peor que follar sin ganas». Te preguntarás por qué te cuento esto, pero esa frase resume una de las grandes enseñanzas de la vida que ni siquiera los grandes filósofos griegos te han mostrado. No hay nada más terrible que querer no querer. O no desear desear. Forzar sentir algo que no sientes te lleva por el camino pedregoso de la desolación. Igual que algo tan bueno como comer se convierte en un infierno cuando es obligado, pasa con cualquier otra cosa cuando la haces bajo coacción.

CUANDO ALGUIEN SONRÍE MUCHO RATO, AL FINAL TODO SON DIENTES

Durante una temporada, residí en Tailandia. Es un país bonito y exótico, sin duda. Hace mucho tiempo se llamaba Siam, que en su idioma significa «sonrisa». Los tailandeses parece que siempre están de buen humor. Ir a ese país de vacaciones es una maravilla porque acabas teniendo la sensación de que son muy afables. Dirás que soy un cenizo, pero en mi opinión, cuando alguien solo me muestra su gentileza, algo inquietante se enciende dentro de mí. Cuando llevaba unos meses allí, comprendí que en aquella cultura es de muy mala educación mostrar el enfado y, poco a poco, esos rostros alegres se fueron convirtiendo en máscaras. Negociar con ellos, en interminables y exasperantes reuniones, ha sido una de las experiencias duras que me ha tocado vivir. Todo sonrisas, mientras me colocaban en una posición imposible. Lo he vivido muchas veces, percibir el riesgo tras una fachada de amabilidad. No sé qué te parece a ti, pero cuando alguien luce su dentadura todo el tiempo, suelo afilar mi espada.

LO DIFÍCIL ES QUE LA VIDA SEA FÁCIL

Fui a un psicólogo durante un tiempo, me sentaba allí y le contaba el devenir de mi existencia, mis preocupaciones y mi malestar cotidiano. No tenía ningún objetivo en mente ni un problema acuciante que me provocara un descalabro. Eran encuentros tranquilos, en los que el hombre me escuchaba con paciencia y cierto aburrimiento. De vez en cuando, interpretaba todo lo que le había soltado. Al repasar mis quejas, les daba un tono profundo y las relacionaba con mi infancia, con las estructuras de poder, con oscuros mecanismos ocultos tras mi día a día. No te voy a decir que yo sea el más erudito de los psicólogos, ojo, pero en todos estos años he aprendido bastante. Sea por estudio, por experiencia profesional o, lo que es peor, por haber sentido en mis carnes los dolores de mi corazón. Pues bien, nunca entendí las cosas que me decía, ni a qué conclusiones llegar y eso me inquietaba. Al verlo, solía expresarle mi desencuentro con las sesiones, le decía que, a lo mejor, yo era un poco corto y que le agradecería que fuera más específico. «¿A qué coño te refieres?», pensaba yo.

Dejé de visitarlo, y con el tiempo me he dado cuenta de lo que me enseñó ese viejo lobo del alma sobre la vida: lo difícil de verdad es que la vida sea fácil.

LIBÉRATE DE LA OBLIGACIÓN DE SER LIBRE

Una mujer me contó que adoraba ocuparse de sus tres hijos adolescentes. También de su marido, al que consideraba su cuarto *teen*. Me dijo que les hacía sus cosas, que le encantaba ocuparse de su ropa, de recoger sus habitaciones y que sentía un gran bienestar cuando lo veía todo en su sitio, como a ella le gustaba. No es que sus hijos no hicieran nada, es que ella quería las cosas de un modo determinado y había considerado esa labor como parte de su amor por ellos. Cuando se reunía con sus amigas, o viajaba con ellas, escuchaba a sus compañeras lamentarse por su cansancio al hacer las tareas del hogar. Esas otras mujeres se quejaban de que sus hijos y parejas eran descuidados y holgazanes, aparte de machistas por no ocuparse de sus responsabilidades. Me costaba no estar de acuerdo con estas últimas, soy padre de tres hijos y me he pasado la vida recogiendo, cagándome en todo lo que se menea. Ahora bien, mi paciente no parecía tener ese problema. Lo que ella me dijo es que sus amigas, al escucharla, la consideraban una esclava, una idiota que debía liberarse, empoderarse y afirmarse como ser humano autónomo y valioso. Ahí estaba, frustrada y pensando en que debía de ser idiota al no ver que era víctima de ese cautiverio. Sentía que era su obligación romper esas cadenas imaginarias y establecer nuevas reglas en casa. Por otro lado, sabía que eso le causaría un malestar tremendo al tener que soportar que la casa estuviera siempre medio mal hecha.

¿Qué harías tú en esa situación? El problema de la psicología aparece cuando uno se deja llevar por sus propias leyes y juzga el comportamiento de los demás basado en su ideología. Esto es lo que atiné a decirle: «Creo que tus amigas viven la situación de manera diferente a ti. Quizá sea raro para ellas que disfrutes con esas tareas y que no las veas como una obligación. Si te soy sincero, podría, como padre, estar de acuerdo con ellas. Sin embargo, en tu caso, opino lo contrario. Creo que debes liberarte de la obligación de ser libre. Ser libre para ti supone tener el derecho a no serlo según ellas, ¡a la mierda con lo que piensen!».

LA PARADOJA DE LA AUTENTICIDAD SE DEMUESTRA EN QUE UNA PERSONA FALSA SOLO ES AUTÉNTICA CUANDO ES FALSA

Lo que más me irrita de ver programas como *Operación Triunfo*, o *La Voz*, es que tienen una coach que tiene que hacer el gilipollas para justificar su sueldo. Una de las cosas más terribles que suelo ver es cuando le dicen a una pobre desdichada, después de su actuación, que no ha sido «ella misma» o que «se tire a la piscina». Al escuchar esas exhortaciones me quedo hecho polvo porque me doy cuenta de que quien habla así no tiene ni idea de cómo funciona un ser humano. La cuestión es la siguiente: si una persona hace una determinada acción no puede no ser ella misma. Es ella teniendo una actuación mejorable. Si le pido que haga aquello que está claro que no ha podido hacer, en lugar de ayudarla le pongo más presión. Es como cuando tu madre te decía que fueras como tu hermana. Imposible. Cuanto más intentas parecerte a ella, más te das cuenta de que eres tú mismo y entras en un bucle diabólico. Igual que el falso, que solo es auténtico cuando es falso, el que es genuino de verdad lo hace sin ningún esfuerzo.

SOLO TIENES INICIATIVA SI ME LEES LA MENTE

Esta historia te parecerá insólita, pero una vez atendí a una pareja en la que la esposa se quejaba de que su marido no tenía iniciativa. Aunque te parezca increíble, es un ejemplo real. Estaba harta de pensar, de ocuparse de todo y de reclamar a su pareja que la librara de ese calvario. Le decía, una y otra vez, que debería salir de él hacer propuestas y proyectos que realizar en conjunto. La última discusión se había detonado porque él no le daba ideas para ir de vacaciones. Sorprendente, ¿no?

Pues bien, cuando le tocó el turno de hablar al marido, este desgranó uno a uno las decenas de planes que había expresado. Relató que, en los últimos años, cuando se acercaba el momento de hablar de las vacaciones, solía manifestar que llegaba agotado al mes de agosto y que deseaba hacer unos días de descanso. Puedes hacerte una idea: hotel, piscina, relax. A ella, sin embargo, le gustaban los viajes y las actividades, sus vacaciones estaban repletas de excursiones, visitas, ascensos a montañas varias y cosas por el estilo. A él le parecía bien, aunque deseaba poder descansar unos días. Contó también que como no le gustaba mucho el calor, siempre sugería lugares más frescos, como los países nórdicos, Galicia o País Vasco. El último año, había propuesto ir a la Riviera Albanesa, que le resultó interesante y bastante económica. Al parecer, ella había desechado todas esas propuestas y en los últimos años habían ido a Turquía, Creta,

Córcega, habían hecho viajes en autocaravana a Italia y a Eslovenia, por poner un ejemplo. Por lo que comentaron, nunca fueron cuatro días a un hotel a descansar como él deseaba. Jamás se visitó un lugar recomendado por el marido y no me pareció que estuviera carente de ideas. Sentí tal corriente de simpatía por ese hombre que derivé a la pareja a otro profesional. Estaba demasiado tentado a darle la razón y me pareció poco ético. Comprendí lo que, con el tiempo, he llamado la «ley universal de la iniciativa», en la que uno solo la tiene si acierta a hacer, de manera espontánea, lo que el otro está pensando.

EL PEOR DE LOS VICIOS ES NO PEDIR; LA PEOR DE LAS VIRTUDES, DAR

He tardado décadas en darme cuenta de que no pedir aquello que se desea es una gilipollez monumental. Lo considero un gran problema porque, si no muestras tus anhelos, los demás no pueden adivinarlos. La madurez consiste en la capacidad de soportar la frustración, aunque no te den lo que quieres. Lo voy a repetir, no se trata de no pedir, el asunto es aguantar con arte cuando te dicen nanay. Otra cagada radica en dar lo que sea a otra persona sin que haya solicitado nada. Conozco a un amigo que, cuando escucha a su pareja quejarse, trata de ayudarla casi de inmediato. Su mujer no tiene necesidad de pedir nada porque, cuando expresa su queja, el otro se moviliza. Si eres de esos, te anticipas y ofreces, esperando que los demás lo vean como una muestra de amor y buena voluntad. Cuando eres generoso, suele pasar que te acaben chuleando, y tomen como una obligación aquello que ofreciste de manera altruista. Decía mi maestro de artes marciales que había que saber andar o dar la mano tan lento que se le vean las intenciones al de enfrente. Aplicado este principio a la vida cotidiana, es tan sencillo como mantener el equilibrio no dando sin que te pidan, y pidiendo, aunque no recibas.

BUSCAS LA VERDAD SALVO CUANDO NO TE GUSTA LO QUE VAS A ENCONTRAR

Ser persona no puede separarse del autoengaño. Crees lo que quieres creerte y así anestesias la posibilidad de sentirte herido la mayor parte del tiempo. Si eres de los que buscan la verdad, pensarás que estás preparado para aguantar las hostias que puedan venir por el hecho de descubrirla. Lo humano es querer estar cerca de la verdad, e intuirla, pero tratando de no meterte en ese estanque lleno de bilis que supone la verdad que hay detrás de las cosas.

Buscar la profundidad descarnada es como entrar en el váter después de que alguien a quien respetas haya cagado. No puedes salir igual que entraste, y estoy convencido de que tu visión completa de la realidad cambiará la opinión sobre los demás. El enamoramiento es un ejemplo de ello, destacas lo que te mola y obvias mirar en lo que sería desagradable. Está todo ahí, solo que eliges no verlo. En el desamor, haces el recorrido a la inversa, ves aquello que antes soslayabas y apagas la pantalla de lo bueno de tu amado. Amar la realidad agua el vino y, si eres de mi rollo, te vas a conformar con lo que quieras vivir. Cuando te caigan los palos, ya verás cómo te apañas.

NO TENGO IDEA DE CÓMO TENGO IDEAS

Hace unos días me propusieron dar un curso sobre creatividad. La persona que me hizo el ofrecimiento me considera un fulano original. Me quería contratar para que entrenara a sus empleados en la resolución alternativa de problemas. No voy a negarte que me halagó que me considerara así, porque quiero pensar que soy ocurrente. Me gustan esos trabajos, con lo que me dispuse a organizar una formación sobre el tema de marras. Para empezar, me hice esta pregunta: «¿De dónde sacas las ideas?».

Me quedé en shock. No estaba listo para responder eso. La creatividad tiene tanto de intuitiva que enseñarla puede acabar con ella. Sí, acabo de decir que la escuela elimina el poco genio que tenga uno. Es un asunto sutil, si aprendo de otro cómo ser ingenioso, voy a copiarlo. Por ejemplo, ¿era Leonardo da Vinci un genio de nacimiento? Lo que permite aflorar tus capacidades innatas es desembarazarte de lo que hace el otro, pero para eso primero hay que aprenderlo de alguna manera. Creo que era Bateson, el famoso pensador inglés, quien describió las cuatro etapas del aprendizaje:

- Incompetencia inconsciente: no saber que no sabes te lleva a ser feliz en tu ignorancia.
- Incompetencia consciente: saber que no sabes. Empiezas a estar jodido cuando descubres algo, pero no sabes cómo funciona. Puede resultar doloroso, pero te lleva a

moverte para interiorizar un aprendizaje. Te esfuerzas porque le ves la gracia, pero te sale como el culo.
- Competencia consciente: aquí ya vas de chulito porque sabes que sabes. Te das cuenta de que tienes esa habilidad nueva y de que puedes usarla a voluntad. Como bailar un tango, pero contando: uno, dos, salgo fuera, tres, cuatro, entro. Te gusta sentir la música y aunque todavía estás un poco robotizado, empiezas a pillarle el gusto a la melodía.
- Competencia inconsciente: no sabes que sabes. El punto deseado es cuando las cosas fluyen sin necesidad de pensarlas. Simplemente lo haces, te sientes conectado.

Pues ya ves, ni idea de cómo tengo las ideas. ¿Te pasa?

TODOS LOS DÍAS NACE UN INGENUO Y DOS VENDEHÚMOS

Cuando era un chaval, mi abuela me pilló en la calle de la mano con una chica. Le presenté a mi amiga, y dijo: «Siempre hay una tonta para cada tonto». La frase no me hizo gracia en aquel momento, pero es un pensamiento que siempre vuelve. Verás. En los tiempos de las redes sociales, cada día descubro algún vendedor de elixires tratando de que gastes tu dinero para que logres ser más feliz sin esfuerzo. Que te pasen cosas buenas solo depende de que tu cartera esté dispuesta a salir del bolsillo y de que te levantes a las cinco de la mañana para hacer flexiones en el patio de tu casa. La gilipollez es grande, y aunque hay muchos incautos en el mundo, pronto no va a quedar nadie que no sea coach, bróker o facilitador de alguna memez. Si eso ocurre, me pregunto: ¿de qué vivirán?

TODO EL QUE GENERALIZA MIENTE

Nada es completamente blanco o negro. Con los años, estoy seguro de que te has dado cuenta de que no es oro todo lo que reluce. Polarizar es una manera sencilla de conseguir seguidores y atención. Da igual el bando en el que te posiciones, lo importante es no dar lugar a la posibilidad de que haya excepciones de nada. Si dices que el azúcar no es saludable, hay que demonizarlo, confirmar que es un veneno asesino, y enseguida tendrás una legión de seguidores dispuestos a despellejar a quien tenga una posición contraria. Si dices que para ser feliz tienes que haber resuelto tus traumas, todo lo que has de hacer es considerar así cualquier cosa y ningunear al pobre desgraciado que crea que su vida no está mal. Lo fácil es generalizar y meterlo todo en el mismo saco. Los prejuicios suelen funcionar así, si una vez un extranjero de una determinada nacionalidad te robó, concluyes que todos ellos son unos ladrones. Afirmamos frases en nuestro día a día que no dejan lugar a la excepción. Conocí una vez a una mujer que se creía siempre en posesión de la verdad. No es que no tuviera razón a veces, sino que no era capaz de poner matices a su realidad. Se enfadaba con todo el mundo y se creía, en su interior, mejor persona que los demás. «No hay nadie de quien puedas fiarte», decía. Le contesté: «¿Estás segura de que no te puedes fiar de las personas?». Ella asintió. «Entonces, si eres persona, ¿por qué habrías de fiarte de ti? Igual te equivocas alguna vez».

EL BOXEO ME ENSEÑÓ QUE NO HAS DE BAJAR LA GUARDIA NI CUANDO LA TIENES BAJA

Aunque te digan lo contrario porque queda de tipo duro, tomar riesgos innecesarios es inútil. Como descuidar tu defensa va a acabar contigo tumbado en la lona, es importante que seas prevenido. No pretendo que te conviertas en un paranoico, nada más lejos de mi intención, lo que quiero es que aprendas a estar atento a las cosas que pueden suceder sin que se te note demasiado. Cuando boxeaba nunca bajaba mis brazos destapando zonas sensibles y, si lo hacía, era porque tenía ganada la distancia y podía escapar desplazándome. Mi entrenador solía decirme que la defensa está oculta en las piernas. Es una idea interesante para aplicar en la vida y no pillar más hostias de las necesarias. No parecer que te estás protegiendo mientras lo haces te convertirá en alguien que destila confianza a ojos de los demás. Recuerda que, en la vida, también es importante saber aparentar.

UNA PERSONA DE BONITAS PALABRAS NO SIEMPRE ES UNA PERSONA BONITA

Pablo Neruda fue un gran poeta, pero no sé si sabes que abandonó a una hija que tenía una grave enfermedad. Vete a saber qué razones tendría, aunque en mi barrio llamaríamos a eso ser bastante hijo de puta. Si eres de los que se deja seducir por las palabras rimbombantes, tarde o temprano acabarás abandonado como una Barriguitas rota en el fondo de un armario. Si eres un ser humano normal, tenderás a caer a cuatro patas en lo que los psicólogos llamamos «efecto halo». Este sesgo consiste en que si algo te gusta de una persona pensarás que todo lo demás también mola. A mí me pasa, ojo, admiraba a un famoso psicólogo, autor de muchos libros. Me gustaba cómo escribía y apreciaba su manera de hacer psicoterapia. Luché por traerlo a España para que mostrara su oficio y, cuando lo conocí en persona, descubrí que era un idiota pagado de sí mismo. Como un ingenuo, creí que, porque su trabajo era bueno, él también lo sería.

NADA ES IMPOSIBLE CUANDO UNO MIENTE

Internet es un acuario lleno de bocachanclas. Te lo van a prometer todo, la luna, el sol y las estrellas. Cuanta menor es la vergüenza del vendedor de humos, mayor es el seguimiento que consigue. La razón de que pase eso es sencilla: prometen soluciones milagrosas a tus problemas. ¿Quién renunciaría a un maravilloso prodigio para ser rico y sexy?

Mario, un joven aquejado de depresión al que visité, me contó que se había gastado unos diez mil euros siguiendo a un payaso que le prometía ganar un millón si hacía lo que decía. Mi paciente había conseguido ese dinero de manera poco lícita, y cuando el pastel se descubrió, además de una deuda importante, sentía culpa y vergüenza. A lo largo de nuestra sesión desveló que el estafador le había persuadido mostrándole coches de alta gama, una casa en Miami y un futuro de millonario de opereta. La estrategia del presunto «coach de vida» era repetir un discurso machacón con el que pretendía que mi paciente se empoderara. Lo insultaba y le gritaba que tenía que aprender a ser un verdadero hombre haciendo flexiones de brazos hasta quedar extenuado.

Tal vez pienses que mi cliente era un pobre incauto. Cada día veo a otros personajes que, barnizados en un tono clerical, hacen lo mismo enfundados en trajes azules de director de banco. Te dan las claves del éxito y te animan a reinventarte o a abrirte a la abundancia. Si alguna vez te encuentras con alguien así recuerda que «nada es imposible cuando uno miente».

MI OPINIÓN INAMOVIBLE ES QUE NO HAY OPINIONES INAMOVIBLES

No voy a cambiar de manera de pensar en esto. Cuando alguien me dice que su opinión es inalterable, me cae mal. Considero una memez que te agarres a una idea y no te atrevas a cuestionarte. Contemplar las diferentes perspectivas de una misma realidad no es sencillo porque convierte tu vida en algo menos previsible. Pero si no lo haces, corres el riesgo de acabar más obsoleto que un Nokia.

EL ÉXITO CONSISTE EN FRACASAR EN FRACASAR

¿Se puede lograr el éxito proponiéndote cagarla? Lo digo en serio. No es nada raro que ayude a personas que tienen miedo al fracaso. Los hay que, siendo profesionales de lo suyo, y habiendo tenido resultados positivos antes, se preocupan por su temor a no estar a la altura. También he atendido a personas aterradas por la posibilidad de que algo no les salga bien, y por eso lo evitan.

Los modernillos lo llaman «procrastinar», pero yo lo llamo «acojone».

Lidia vino a verme por su incapacidad de hablar en público. Era una médico eminente, pero enfrentarse a una audiencia, por pequeña y amistosa que fuera, la dejaba congelada como una merluza del Báltico. Durante nuestros encuentros, indagué en qué era lo que intentaba para resolver su problema. Ella confesó que evitaba las sesiones en las que tuviera que hablar, pero que no podía soportarlo más. Al parecer, como era una especialista, se enfrentaba más a menudo con la situación. Sufría de ansiedad con solo pensarlo. Me dijo que temía que alguien de los que estaba presente en una de esas sesiones supiera más que ella sobre algo. «La medicina es muy compleja y no lo sé todo, de modo que estoy acojonada por si me preguntan algo y quedo en evidencia». La persuadí del hecho de que evitar no mejoraba el problema y que cada vez lo pasaba peor. Ella estuvo de acuerdo. Le conté que para mejorar debía tener pequeños fracasos y sacar aprendizajes de ellos. Le propuse un viejo truco para ese tipo de reuniones clínicas a las que ella debía enfrentarse. Le dije que anunciara su dificultad para hablar en público, cosa que era sabida por todos, y que hicieran pequeños grupos en los que apuntaran las preguntas o necesidades que podían tener sobre el tema del cual mi paciente era experta. Lo que sucedió es que siempre sabía las respuestas a las preguntas de sus interlocutores, con lo que fue ganando confianza en sus habilidades de comunicación. Empezó aceptando en público que era una oradora deficiente, y eso fue un fracaso voluntario que la condujo a hacerlo bien.

NO HAY NADA MÁS ABURRIDO QUE LA GAMIFICACIÓN

Se ha puesto de moda la llamada «gamificación». La cosa va de proponer juegos para que las personas aprendan, hagan equipos o vendan productos aprovechando que somos criaturas a las que nos gusta jugar. Aplicar un enfoque lúdico a todo lo que te pasa es superficial, y puede acabar haciéndote sentir un idiota sin capacidad de reflexión. A veces me contactan empresas que desean motivar a sus empleados, o diseñar equipos que se lleven bien. Sin ir más lejos, hace unos meses, un directivo de una multinacional me llamó para participar en una jornada de juegos y disparates así. Escuché al hombre durante un rato y me pareció un cantamañanas. ¿Quieres a la peña motivada? Cuídala bien, no creas que tu personal va a mejorar por usar un montón de juegos chorras si les estás pagando una mierda o tienen unas condiciones deplorables. Al curro has de ir entretenido de casa, trabajar es importante y lo que necesitan los asalariados es respeto. Menos juegos y más cosas serias, anda.

LO IRRACIONAL ES PENSAR QUE HAY CREENCIAS RACIONALES

Tuve un encontronazo en una red social con un tipo en los tiempos en los que hubo jaleo en Cataluña. El tipo se despachó con un montón de disparates sobre lo que estaba ocurriendo en Barcelona. Como vivo en esa ciudad, entré en la conversación preguntándole si había estado en el lugar de los hechos que comentaba. Me dijo que no. Como consecuencia de su respuesta le dije que me parecía raro que opinara de oídas y sin saber. Me soltó que los medios de comunicación me habían manipulado, y que él era objetivo. Un juicio neutral sería el de alguien que, teniendo diferentes fuentes de información, expresará su parecer consciente de que toda opinión es personal. Como el fulano hablaba de oídas y yo había estado presente en los hechos que comentaba, me acordé de aquella historia del Mulá Nasrudín* en la que un vecino le pide su asno. Nasrudín le dice que no lo tiene, que lo ha prestado. Mientras esto sucede, el animal rebuzna desde el establo. El vecino le dice al mulá: «¡Cómo que no lo tienes! ¡Acabo de escucharlo!». Indignado, Nasrudín le grita: «¿A quién vas a creer más, a un burro o a mí?».

Estás chalado si crees que tu versión de la realidad es la correcta. Lo mismo sucede cuando leo alguna publicación

* El Mulá Nasrudín, también conocido como Mulla Nasruddin, Hodja o Nasreddin Hodja, es una figura legendaria del folclore de Oriente Medio, Asia central y los Balcanes. Se le considera un maestro sufí, un juez, un sabio popular y un personaje cómico.

hablando de creencias irracionales porque, por definición, toda creencia lo es. Es conveniente tener claro que las opiniones son como los culos, todo el mundo tiene la suya. ¿Son todas respetables? No lo creo. El conocimiento no es democrático en ese sentido. Todos podemos votar, pero no opinar sobre aquello que no conocemos. Eres sabio cuando sabes que tus opiniones valen tanto como hayas pasado estudiando un tema. Sé curioso e introduce información en tu cerebro, sé tacaño con ella y no la saques de ahí.

No seas un tertuliano de *Sálvame*, hazme el favor.

SE PUEDE GANAR PERDIENDO

Ana me contó que participó en un concurso de baile. Llegó a la final y, tras una decisión muy controvertida, quedó segunda. Como consecuencia de eso, las redes sociales ardieron al instante. Muchas personas aficionadas a la danza expresaron su descontento, y criticaron a la ganadora y a la organización. Estas cosas pasan a menudo en las competiciones y los resultados finales no siempre son justos. Aquel día, Ana fue la ganadora moral y, como consecuencia de ello, ha sido muy considerada en su especialidad. Ha obtenido muchos galardones y ha dado clases de danza en todo el mundo. Al contármelo acabó confesando que aquella derrota la ha llevado a ser una estrella en lo suyo.

No siempre la victoria te asegura el reconocimiento. Me parece más bien que el respeto y la autoridad se ganan por la manera en la que te enfrentas a las cosas.

TE PREVENGO CONTRA LAS TEORÍAS DE LA CONSPIRACIÓN, SON UNA CAMPAÑA ORQUESTADA

Si tu fuente de conocimiento está en la pantalla de tu teléfono, corres el riesgo de asumir como propios los mensajes que te van a llegar. Desde campañas políticas hasta creencias absurdas sobre salud física, mental, etcétera. Internet es tan fiable como la capacidad que tengas de buscar información real y sustentada por hechos observables. La llegada de la inteligencia artificial va a aumentar el despropósito en el que no sabrás distinguir la realidad de algo diseñado de manera informática. Dentro de nada, verás un vídeo en el que el presidente de tu país le come la boca a Dua Lipa y te lo vas a creer. Como cuando tu madre te decía «cura sana, culito de rana» y te quedabas tan campante con un chichón nivel Dios en la cabeza.

Hay un interés oculto en que seas conspiranoico, no te dejes engañar. ¿Quién saldrá beneficiado de que te creas que la Tierra es plana?

SI HAS DE IR A UN CURSO DE LIDERAZGO, NO ERES LÍDER NI DE COÑA

Hay cosas que no debería tener que explicarte, y esta es una. No veo a Michael Jordan de alumno en una escuela de liderazgo online, y no puedo ni imaginar a Barack Obama estudiando cómo dirigir una reunión. Me sabe mal decirlo, pero si sientes que necesitas aprender a liderar, eres más flojo que un muelle guita, y así no vas a ningún lado. Con eso no te estoy diciendo que no desarrolles habilidades nuevas y mejores las que tienes, tan solo quiero prevenirte de la gilipollez que significa matricularse en un curso de carisma cuando no lo tienes. Igual que el feo puede llegar a ser resultón, si no eres líder a lo máximo que llegarás es a encargado. Reivindico esa figura, está claro que si todo el mundo fuera líder, ¿quién sería el currante? Nunca olvides que un jefe precisa de personas a las que comandar, sin ellas no vale una mierda.

ES DURO TENERLA FLOJA

Aunque sea una metáfora, es fácil imaginar lo que quiero decir. Aceptar que uno es como es y que tiene el rendimiento que tiene es el primer paso para poder hacer cambios, si uno quiere. Al contrario de lo que te digan por ahí, nada es peor que tratar de ser quien no eres, y si la tienes floja, has de espabilar para ampliar tu repertorio. Lo más triste es pretender endurecerte con la mente sin poner en práctica nuevas habilidades. Reconoce tus puntos débiles y reflexiona sobre las cosas que puedes mejorar al tiempo que sacudes tus viejas maneras de ver el mundo. Visité en una ocasión a un hombre que padecía un trastorno de disfunción eréctil. Lo habían operado hacía un tiempo de un cáncer de próstata y, aunque se había recuperado en general, mantenía ese problema. Tras visitar a varios psicólogos nada funcionaba. En aquel entonces, yo solía colaborar con una sexóloga. Le hablé a mi paciente de esta compañera, que me parecía una terapeuta excepcional. Y se animó a visitarla. Al cabo de un tiempo, el paciente volvió y me comentó que había aprendido mucho de esa mujer. Le enseñó a disfrutar del sexo a pesar de sus dificultades. En esa época estaba con una nueva pareja. Ella se mostraba encantada con las relaciones que mantenían y se sentía afortunada con él. Mi consultante enfrentó sus miedos y sus viejas creencias, y descubrió que podía disfrutar de maneras impensables hasta aquel momento.

CUANDO ME PREGUNTAN QUÉ COSAS EN COMÚN HAY ENTRE EL BOXEO Y LA PSICOLOGÍA, SUELO RESPONDER ESTO: «DURANTE MILENIOS, DARSE DE HOSTIAS HA SIDO UNA FORMA DE COMUNICACIÓN»

Todavía no ha llegado el momento en el que los seres humanos convivamos en paz. A pesar de vivir en una época bastante tranquila, hoy en día hay cincuenta y seis guerras activas. Hay peña palmando en conflictos bélicos a punta pala. En 2023, por ejemplo, murieron en ellos doscientas sesenta y siete mil personas. La rabia es una de las emociones básicas que más va a visitarte, y seguro que tratas de manejarla con pensamientos, razones y diferentes intentos de calmarte. Los viejos estoicos te dirán que reinterpretes la situación y que trates de controlar tus pensamientos, ¿verdad? Lo malo de todo eso es que no suele funcionar. A menudo recomiendo a mis pacientes que se caguen en todo lo que se menea y que, si pueden boxear, lo hagan. Eso funciona mejor que pretender ser Clint Eastwood en *Harry el Sucio*.

LA ESCUCHA ACTIVA SOLO SIRVE SI VA ACOMPAÑADA DE ACCIÓN PASIVA

En cualquier formación para profesionales de la salud o la psicología, aparece la famosa «escucha activa». Es una manera de prestar atención al que sufre, sin juzgarle ni poner mucho de tu parte. Lo grave es que a todos nos encanta añadir sugerencias de nuestra cosecha, y cuando te cuentan una miseria vital, sueles ser un bocazas. Te apuras a dar tu opinión, a aconsejar y a soltar memeces de las que no sabes nada. Lo contradictorio de la escucha activa es que ha de venir acompañada de una boca cerrada y mucha paciencia. Ser todo oídos de verdad es de sabios.

SI TE ANUNCIAS COMO DISRUPTIVO ES QUE NO LO ERES

«Disruptivo» es una palabra que se ha puesto de moda. Lo que pretende decir es que eres poco convencional, rompedor o revolucionario. No caigas en la trampa cuando alguien se anuncia así porque lo más probable es que lo que haga esté muy visto. Lo innovador salta a la vista y no necesita de fanfarrias para ser explosivo. Eres tú quien va a determinar si algo rompe moldes o no. La norma general que conviene seguir es la de poner en duda cualquier eslogan, probar el producto y decidir si mola o no. Hay muchas cosas buenas que no precisan romper con lo establecido y viceversa, hay muchas mierdas que lo hacen.

NO DEBERÍAS HACERME CASO

No sé si este es el primer libro que has leído escrito por mí, pero si me leíste antes, ya sabes que suelo ponerme pesado y que lo que te conviene es no hacerme demasiado caso. Algunas veces exagero y, en otras, soy devorado por mi propio personaje. Mi intención es la de suspender tu mente en el aire, por un momento, como los *kōan* de la tradición zen. En la meditación japonesa, el maestro te suelta un acertijo que tiene como objetivo que pares de pensar en tus movidas cotidianas para dejar tu mente en suspenso. Una especie de vacío creativo que te permite meditar acallando tu ruido mental. Cuando estés en una encrucijada vas a necesitar del pensamiento lateral que te proporciona estar entrenado en discurrir de manera diferente. Recuerdo a Tom, que vino a mi consulta muy angustiado por la urgencia de tomar una decisión. Tenía una pareja y una amante, y ambas estaban al corriente de la situación. A ninguna de las dos le agradaba la idea de compartir al hombre con la otra, y no parecían interesadas en cambiar su modelo de pareja. No querían abrir la relación, ni deseaban ser poliamorosas. Él sufría porque le estaba resultando imposible tomar una decisión. Le pregunté cuánto tiempo llevaban así, y me respondió que todo empezó cuando su novia descubrió que tenía una amante. Hacía tres meses de eso. Le pregunté qué había sucedido con este problema durante ese tiempo, y me respondió que ambas lo habían estado presionando para que cerrara el asunto eligiendo a una y dejando a la otra. Mientras tanto, mantenía relaciones con las dos en paralelo. «¡Ah! Entonces, si lo entiendo bien,

¿te presionan para que decidas pero siguen enrollándose contigo?», le pregunté, y él asintió.

Dejé que pasaran unos segundos, y solté: «¿Y por qué has de decidir tú? Parece que estás bien con las dos y son ellas las que no lo ven claro. ¿Por qué no dejas que lo resuelvan ellas?». Se quedó pillado porque nunca había pensado en esa opción y dijo que lo meditaría.

No es que vaya de maestro zen, lo que quiero es que me hagas caso cuando te digo que no me lo hagas.

EL INFIERNO ES ESTAR RODEADO DE GENTE QUE TE HACE SENTIR SOLO

Uno puede estar de puta madre estando solo si se siente bien en compañía de sí mismo. No creas que es un asunto sencillo, la mayoría de las personas se detestan. Tampoco me gustaría, no obstante, que te conviertas en ese tipo de gilipollas. Lo que ocurre es que en muchas ocasiones te sientes solo estando rodeado de personas. O peor aún, desamparado en una relación. Basta que el otro no tenga demasiado interés por ti ni por lo que haces o te gusta. Conocí a un hombre que vino a mi consulta con esa desagradable sensación. Su pareja lo ninguneaba de manera sutil, no es que le dijera que era un mierda, pero nada de lo que él hacía le resultaba suficiente. Él tenía pasión por su trabajo y disfrutaba de algunas aficiones. Para ella, esas cosas eran secundarias y le reclamaba atención. Con el tiempo, mi paciente se acostumbró a hacer las cosas que le gustaban casi a escondidas. Me emocioné mientras relataba sus sentimientos. «Debería estar contento porque tengo una pareja, Víctor, pero me siento muy solo», me dijo llorando como un niño.

No soy ningún gurú, sin embargo, te advierto de que ese abandono puede matarte.

EL FRACASO CONSISTE EN RENUNCIAR A LO QUE ERES POR LO QUE DEBERÍAS SER

No soy un *japiflauer*. No te digo que has de conformarte con ser un truño. Lo que te voy a proponer es otra cosa, piensa en todo el sufrimiento que puedes llegar a tener cuando deseas ser alguien diferente a quien eres en realidad. Tuve una paciente de veinticinco años que temía vivir su vida porque convivía con su padre, un hombre con mala salud y con una obesidad mórbida. Ella se había convertido en una especie de Cenicienta que se ocupaba de las cosas de la casa, mientras sus hermanos mayores delegaban en ella para cuidar de su padre. Los dos varones tenían pareja y se habían emancipado del domicilio familiar, y mi paciente estaba acabando de estudiar la carrera y no se atrevía a alzar el vuelo. «Debo ser buena hija y cuidar de mi padre»: esa era la frase con la que terminaba a veces sus conversaciones conmigo. Estaba renunciando a lo que deseaba, que era acabar sus estudios, viajar y ver mundo. Tras darse cuenta de que a su padre podían supervisarlo sus hermanos machirulos, al acabar sus estudios, salió zumbando. Ahora trabaja en Singapur, gana un pastizal, y viene a visitar a su padre un par de veces al año. Se siente bien porque dice que se ha encontrado a ella misma. De hecho, en uno de los mensajes que suele mandarme me daba las gracias por haberle mostrado, como en un espejo, la mujer tan especial que es.

HAY QUIEN TIENE TALENTO PARA SER GILIPOLLAS

Hay una fiebre que te cagas a la hora de hablar de las aptitudes de la peña. Cualquier chalado de tres al cuarto se hace una cuenta en una red social, y se pone a vociferar acerca de su intelecto, sus capacidades y sus dotes de artista. Tengo colegas de profesión que se dedican a cazar mentes brillantes para empresas, equipos deportivos y cosas de este estilo. ¿Qué quieres que te diga? ¿Quién es el que decide si eres talentoso o no? Tengo una conferencia en YouTube que se llama «Detectar talento: el enigma de Charles Chaplin», en la que hablo de la anécdota de cuando Chaplin se presentó a un concurso de imitadores de Charlot.

Quedó tercero.

Una comisión de expertos decidió que no era lo bastante bueno para ser él mismo. Lo digo porque esto de ser un genio en algo es muy difícil de evaluar. De hecho, cuanto más revolucionario es uno, menos destaca de entrada porque nadamos en un mar de mediocridad. Lo que sí me resulta evidente sin esfuerzo es que hay bastante gente con talento para ser idiota. ¿Conoces a alguno?

EL VERDADERO PODER ES ELEGIR NO QUERER

Tengo la sensación de haber llegado tarde a este concepto vital. No sé si te ocurre, pero me he pasado la vida deseando. Muchas veces por miedo a perderme algo que creo que será genial, otras por envidia de lo que otros tienen o por afán de poderío. Con el paso del tiempo me he dado cuenta de que puedes elegir no querer algo, y eso te hace bastante libre. No del todo porque la vida es bastante jodida y siempre existe alguna dependencia. De hecho, si no la tienes, a lo *superhombre* de Nietzsche, igual eres un poco psicópata. Ser buena gente es saber que vas a pagar peajes en la vida, pero cuando puedes elegir ir por la carretera de curvas en vez de sacar la tarjeta en la autopista, eso es que tienes tiempo y buena música en el coche. Cuando eso ocurre, y decides qué elecciones tomar, empiezas a tener poder.

LA VIDA ES TAN AUTÉNTICA QUE PARECE UNA PELÍCULA

A los filósofos griegos y a sus homólogos romanos les hubiera encantado conocer a mi abuela. En cierta ocasión, paseando por la Costa Brava, mirábamos unas plantas que adornaban la valla de una casa de verano. Se trataba de una vivienda de ensueño, de esas que tienen las familias ricas frente al mar, en un lugar privilegiado. La valla estaba llena de flores preciosas y mi abuela dijo: «Son tan bonitas que parecen artificiales». ¡Qué gran lección se esconde en una frase tan sencilla! Nada es perfecto en realidad, y cuando lo es, resulta un poco prefabricado. El taoísmo habla del yin y el yang, dice que el universo se puede explicar como unas fuerzas opuestas en equilibrio. Cada una de ellas contiene un poco de la otra en su interior. A mi modo de ver, están un poco manchadas. No son perfectas. Así es la vida, colega. Toda belleza contiene cierta mácula en su interior. La perfección es falsa, y por eso sufrimos tanto al querer alcanzarla. También en la autenticidad siempre hay algo que es falso, como cuando viajas a Nueva York y es tan real que parece una película de Robert de Niro.

SOY TAN ADICTO A LA COMIDA QUE NO PODRÍA VIVIR SIN ELLA

Tuve una paciente que me contó que era adicta a la comida. Mientras la escuchaba, pensé que no podría ayudarla demasiado, porque yo también lo soy. No puedo prescindir de esa mierda, la verdad. De pequeño, vi en algún documental que los astronautas que viajaban a la luna, a finales de los años sesenta, ingerían algo metido en un recipiente que era como un tubo de pasta de dientes. Se alimentaban de eso y de pastillas de vitaminas. Pensé que en el futuro comeríamos así y, de inmediato, sentí una gran tristeza. A mí me mola comer. Y cuando me meto un buen filete entre pecho y espalda lo disfruto que te cagas. De hecho, padezco mucho por las personas que sufren y tienen miedo a comer. Pienso que, si disfrutas comiendo, sabes de la vida. Ahora en serio, la adicción es otra cosa y nunca puedes ser adicto de la comida. Se ha demostrado científicamente que el mejor enfoque para abandonar una dependencia es abstenerse de ella. Si estás enganchado a la cocaína, la solución no pasa por aprender a usarla, solo tomar farlopa ecológica o light. Incluso hay quien trata de controlar el abuso de esa sustancia haciendo ayuno intermitente, es para cagarse. O te apartas de ese veneno o acabarás jodido. No puedes usar el mismo abordaje con la comida, ¿verdad? Eso no significa que quiera que seas gordo. Lo que me gustaría es que sepas comer bien, mezclar lo saludable con lo placentero, y que puedas deleitarte compartiendo un buen asado, aunque sea de verduras. Te prefiero *curvy* sano y feliz que delgado y atormentado.

ESFUÉRZATE EN NO ESFORZARTE

Soy fan de la ley del esfuerzo. Pienso, como tú, que muchas de las cosas que valen la pena se obtienen a través del trabajo duro. Cuando estás acostumbrado a funcionar así, te afanarás en todo lo que te sucede. Así como esforzarte en dormir suele impedir que caigas en los brazos de Morfeo (el auténtico, no el de *Matrix*, que te conozco), afanarse en muchos aspectos de la vida no es un buen negocio. No puedes esforzarte en amar, en tener una erección, ni siquiera bregar por estar contento. No es una solución recomendable. Pablo era un chico de veintiséis años que vino a verme. Pensaba que su novia lo quería más que él a ella. Se sentía culpable y trataba de aumentar el sentimiento que albergaba. Cuando intentaba amarla con mayor intensidad, lo invadía la frustración. Su pareja, por otro lado, no había dicho ni pío, se encontraba feliz con la relación y él de vez en cuando la rayaba con esa historia. Le costó mucho sacrificio aceptar que su amor era suficiente y que forzarlo lo convertía en un calvario.

He tenido montones de pacientes con este tipo de problemas, y les he dado esta solución: si eres de los que aman luchar, pelea por no hacerlo.

ESCRIBIR ES FÁCIL CUANDO SABES QUITAR LAS PALABRAS EQUIVOCADAS

Cuando a Miguel Ángel, el famoso escultor, no la tortuga ninja, le preguntaron cómo había podido hacer *La Piedad*, dijo: «La escultura estaba dentro de la piedra, yo solo he quitado el mármol que sobraba». Muy fácil, pillas un cacho de roca, eliminas lo superfluo y te sale una de las mejores esculturas de la historia del arte. Alguien muy cercano a mí, cuando le mostraba mi trabajo o me preguntaba cómo hacer alguna cosa que hago bien, a menudo me decía: «A ti te sale fácil» o «No te cuesta». Eso es invalidar. Sin quererlo, esa persona no le daba importancia al trabajo duro que supone aprender a hacer algo e interiorizarlo hasta que sale con fluidez. El bueno de Miguel Ángel se lo tuvo que currar. Alexia Putellas es la mejor jugadora de fútbol del mundo, y se lo habrá trabajado, ¿no crees? Por supuesto, el talento ayuda y yo no haría ni un monigote con una piedra y un cincel. Dominar cualquier cosa de verdad supone saber quitar lo superfluo y elegir lo adecuado. Si fuera tan fácil, todos seríamos Clarice Lispector o Gloria Fuertes. Hagas lo que hagas, no dejes que te digan «A ti te sale fácil», porque, si te lo acabas creyendo, vas a pensar que lo que haces es cuestión de suerte. Lo llamarás «síndrome del impostor», pero solo es maltrato.

LA VIDA ES FRÁGIL Y FRÍA, COMO UN ESPEJO

Una amiga psicóloga y *japiflauer* nivel Dios me dijo en una ocasión: «La vida es como un espejo, sonríe y ella te devolverá su sonrisa». Me hizo vomitar las croquetas. Hay que ir con cautela con las metáforas porque las carga el diablo. He conocido a demasiadas personas que, sonriéndole a la vida, han recibido un severo castigo. No voy a especificar, pero puedes imaginártelo. Vivir es injusto y no te descubro nada si, cuando miras a tu alrededor, ves a auténticos hijos de puta tocados por la varita de la fortuna. Si la vida es como un espejo, puede que te devuelva la sonrisa, pero también es un artefacto frágil, cortante y con una superficie muy fría. ¿Cuál es la moraleja, pues? Trata a la existencia con mimo y suavidad, procura que no se caiga y se rompa. Usa con ella el limpiacristales, para poder ver lo que se te viene encima y así vivirás con relativa calma.

HAY QUIEN TOMA DECISIONES PARA SER FELIZ. POR EJEMPLO, DROGARSE

Quizá hayas visto ese meme que dice: «¿Qué tomo para ser feliz? ¡Decisiones!».
Es una basura.
Deberías tener en cuenta que las resoluciones no son sencillas jamás. Si fuera fácil tomar el buen camino, cuando encuentras una encrucijada emocional, lo harías sin más. Por más que pretendas encontrar consuelo en gurús, profesionales o amigos, hay cosas que debes enfrentar corriendo riesgos. Frente a un dilema, cualquier decisión comporta riesgos. Se trata de elegir lo menos malo, porque tomar un camino es perderse el otro. Si bien es cierto que no conviene que te eternices en tomar una opción, lo normal y saludable es que no seas tan impulsivo como para que después te inunde el arrepentimiento. Mi amigo David está jodido porque es muy infeliz con su pareja. Llevan juntos mucho tiempo y se han acostumbrado el uno al otro. Aun en su malestar, la vida es sencilla con Raimon, su pareja, que es un tipo tranquilo y amoroso. El sufrimiento de David es tan grande que se refugia en la marihuana que, según él, le hace más llevaderos sus sinsabores. Cuantas más vueltas le da a concluir el problema, peor se siente y más maría consume. «No podría vivir sin fumarla, es el único momento en el que me siento en calma», me dice.
Esa es la decisión que toma para ser feliz: drogarse.

LIMITA A LOS QUE DICEN QUE PONGAS LÍMITES

Ahora resulta que la culpa de todo es que no sabes poner límites porque eres más flojo que un puñado de pelusas. Menos mal que ahí tienes a unos cuantos gurús animándote a que te empoderes y establezcas las fronteras de lo que has de tolerar. Con tantas banderitas rojas, acabas teniendo una miserable visión de ti. Eres incapaz de ponerte como Agustina de Aragón con tus hijos, con tu pareja o con tu padre, que es un maldito jeta de los cojones. Estoy seguro de que aquel que quiere poner límites los pone y, si no hace, es porque no puede. Esto es clave: lo más habitual es que no pongas alambradas a tu alrededor porque tienes miedo a la pérdida, al desamor o al abandono. Has aprendido a sentirte egoísta si pides tu espacio o un poco de respeto. Aunque no sea una amenaza real, para ti es como un muro que es muy difícil derribar. Acabas tratando de aceptar el muro, lo pintas para que parezca un prado que se funde con el cielo en el horizonte mientras cargas con el cansancio de soportar la situación. La dignidad del que soporta esta circunstancia es muy grande. Admiro a los que sufren por ello y me generan una gran ternura. Yo mismo he estado ahí, aporreando mi cabeza contra el cemento. No hay nada más invalidante que el miedo a no ser amado, amigo. Por eso tragas con todo. La única opción que veo es tener una visión clara de lo que quieres. Da igual si es una pizza sin queso o que reconozcan lo que te esfuerzas. Si sabes qué te interesa, no necesitas poner límites y descartas aquello que no entra en tu camino.

CUANDO LA VI POR ÚLTIMA VEZ, LA VI POR PRIMERA VEZ

Adrià llegó a mi consulta en un mar de lágrimas. Me contó que había tratado de soportar que Yolanda, su pareja, lo hubiera dejado. Se habían casado hacía poco, después de un intenso noviazgo. Al cabo de unos meses, lo rechazó. Intentó hablar con ella y le suplicó una nueva oportunidad para los dos. Yolanda, fría como un machete congelado, le dijo que no soportaba su forma de ser. Durante unas semanas, siguieron bajo el mismo techo, y ella empezó a salir. Quedaba con otras personas mientras Adrià se retorcía de dolor. Yolanda quería que se fuera del piso, ya que estaba a su nombre y empezó a maltratarlo psicológicamente. Le decía que lloraba con un niño, y que si fuera un hombre de verdad lo que debía hacer era marcharse. Con el corazón mordido por el lobo del abandono, Adriá trataba de razonar, pero ella le escupía atroces argumentos que no podía soportar. Tras unas cuantas sesiones, estabilizado su dolor, me dijo: «¿Cómo estuve tan ciego? Cuando me dejó, la vi por primera vez, dura y cruel».

HAY COSAS QUE DUELEN TANTO QUE NO DUELEN

Así es vivir una experiencia traumática. Sales de tu cuerpo y no sientes el dolor. Al principio es una estrategia para sobrevivir que los psicólogos llamamos «disociación». Es una especie de viaje astral en el que tu cuerpo va por un lado y tu cabeza por otro. Cuando escucho, veo o leo los consejos en boga de algunos influencers o gurús, pienso que hacen más daño que bien. Mensajes del tipo controlar lo que sientes o no dejar que la tormenta te zarandee porque tú eres la tormenta son estrategias muy locas para andar por la vida. Conozco a un fulano que tiene una cuenta en la que enseña cómo seducir a las mujeres. Va de tipo duro, dando recomendaciones de mierda en las que se nota que lo hicieron sufrir. Hay mucho rencor en algunas de esas tácticas y usar estrategias con frialdad para conseguir el objetivo de que alguien quiera estar contigo es de psicópata. Significa que no te importa demasiado lo que los demás puedan sentir, y de que, como decía Al Capone: «Son negocios, no es nada personal». No quiero irme del tema, solo recordarte que cuando has sufrido como un toro frente al picador de la vida, te vas a desconectar. Si lo haces, te pierdes algo que vale la pena: emocionarte. Como psicólogo he acompañado a personas que habían sufrido verdaderos traumas, cosas que pondrían los pelos de punta a Stephen King, y mi trabajo ha sido ayudarles a reconectarse. Plantéate esto: no percibir el dolor no es una bendición, sino un fastidio.

HAY QUE TENER MUCHO EGO PARA PRETENDER NO TENERLO

Me da risa cuando algunos personajes anuncian que mantienen el control de sus emociones porque no tienen ego. Justo esos son los que salen corriendo a Andorra por el malestar que les causa sentir la punzada de pagar a la Agencia Tributaria. Por el contrario, te animo a que reconozcas tu ego y a que le des un poco de lugar. Conozco quien se pasa todo el día mirándose el ombligo para no demostrar que su ego está ahí. De modo que creo que lo mejor que se puede hacer es aceptar que como humanos tenemos ego, nos picamos y nos metemos en la mierda por sentir que quieren pisarnos. La revuelta de los esclavos no tiene fin, y si los que han luchado por un mundo mejor hubieran tenido el ego disuelto como un Frenadol, estarías llevando un collar encadenado en el cuello. No se trata de ser un gilipollas pagado de sí mismo, ni de un Narciso al que le encanta reflejarse en el estanque, pero sí de tener amor propio. En su justa medida no va a dañar a nadie. El ego sirve para que sepas que eres único. Como todo el mundo.

TODO TIENE UN FINAL

Tal vez, después de leer mis frases y pensamientos te hayas quedado con la idea de que soy un tipo tan pretencioso como un cantante indie. Decidí que si me dedicaba a divulgar lo peor que podría pasarme era causar indiferencia. Puede que al terminar estas páginas me odies más que al malo de *Juego de tronos*, o a lo mejor, acabo cayéndote bien. ¿Quién puede saber eso de antemano?

Me daría por bien pagado si he logrado que en alguna ocasión te hayas reído al tiempo que te abandonabas a la reflexión. Espero que no hayas estado de acuerdo conmigo todo el rato, porque no soporto a la gente crédula, así que, si te has peleado alguna vez con lo que digo, y seguiste con la lectura, me caes de puta madre. *Quelosepas.*

En el fondo, mientras escribía he descubierto que lo que no me gusta son los «-ismos». Me da igual el que sea wonderfulismo, estoicismo, veganismo o catolicismo. Me da por saco tener que abrazar una fe que no me permita dudar de ella. Quiero creer que eres sabio cuando encuentras un rayo de luz en la oscuridad o percibes las sombras detrás de los grandes focos.

Estoy convencido de que te encuentras en el lado correcto de la historia y de que, aunque durante un tiempo hayas sido estoico, o lo que sea, ahora te colocas en la orilla que mola, ese lugar en el que puedes sentir, mirar compasivamente a quien sufre y en el que eres capaz de aceptar que no existen verdades absolutas.

Todo eso forma parte de *Antimeditaciones*.

Recuerda que una filosofía que te lleva a aceptar la injusticia y el *statu quo* no es algo que puedas recomendar a tus churumbeles. Despegarte de las emociones y pretender ser imperturbable no es una buena elección. No vas a poder obligarte a hacerlo y, si eso es lo que te sale por defecto, es probable que estés tan dañado que sea el miedo a pasarlo mal el que te lleve a tal desconexión. La consecuencia de estar desconectado del mundo y de ti mismo es la soledad. Hay quien la disfruta, claro. Basta que seas feliz al mirarte el ombligo y no necesites a nadie más. Como esos famosos con cuentas en las redes que tienen cientos de miles de seguidores, pero que no siguen a nadie. Deben de pensar que son tan líderes y tan dueños de sí mismos que no necesitan de los demás. La fórmula «un millón de seguidores y cero seguidos» esconde a los verdaderos chulitos de la playa de la vida. Fulanos como Trump, Musk o Putin no son los que estarán a tu lado cuando te encuentres jodido de verdad. No olvides que cuando estás mal, parece que apestas y solo los que te aprecian de verdad te sostendrán.

Sé también Espartaco. Acabarás crucificado en una vía romana, por descontado. Pero no te quepa duda de que es el lugar más digno en que podrás dejar caer tus huesos. Habrás luchado por lo que vale la pena luchar: la libertad y la dignidad. No eres tan ingenuo como para pensar que, si te portas bien, nada malo te ocurrirá. Por mucho que cierres los ojos cuando el asesino blande su sierra mecánica frente a ti, aullando como un demonio, eso no te salvará.

AGRADECIMIENTOS

Mis padres me enseñaron que ser buena gente pasa por reconocer aquello que hacen los demás, de modo que he de dar crédito a muchas personas. Para empezar, quiero dar las gracias a Anna Escardó, una vieja amiga que me hizo creer que escribir un libro era posible. ¡Y ya voy por el tercero! La confianza que tuvo en mis posibilidades me dio pie a empezar. A pesar de que, en esta ocasión, mi editora y coach de escritura, Alicia Moll, no ha podido ayudarme (¡sé que has tenido mucho trabajo!), siempre estaré en deuda con ella por liberarme de la coraza del miedo al teclado. He peleado en un cuadrilátero con los mejores, pero no puedes ni imaginar lo aterrador que es enfrentarte al ordenador. Al equipo editorial de Penguin, Berta, Marta y, en especial, a mi amigo y editor Oriol Masià, al que le debo haber podido colocar mis libros en las mesas de las librerías. Para un leo engreído como yo ver tu libro en las estanterías de todo el país no tiene precio, colega. A Pilar, esa misteriosa correctora a la que no conozco, que ha sufrido mis comillas, mi exceso de tildes y mi pesadez en general, debo decirle que me ha enseñado mucho sobre cómo escribir con propiedad. He tenido mucha suerte con ese grupo de personas remando a mi favor.

    Quiero mostrar mi gratitud a mi compañero y hermano Toni Piera, el más genial de los psicólogos, con el que he compartido miles de conversaciones sobre terapia, epistemología y pensamiento. Como me dijo una vez un taxista yendo al aeropuerto: «Diez minutos de conversación con alguien inteligente te convalidan muchas asignaturas de la universidad». Y por encima de todo, me siento muy afortunado de contar con mis hijos; Lucas, Maya y Walter son la chispa de mi vida, los encuentro listos, guapos y, lo más importante, buena gente. No puedo sentirme más dichoso por su presencia en mi vida.

Vivimos en una época en la que la lectura pasa por momentos duros. La competencia con la tecnología y, sobre todo, las pantallitas hacen que llegar al final de un libro debiera tener premio más allá del aprendizaje, el disfrute o el cabreo que te produzca la lectura. He descubierto que disfruto de escribir para conectar contigo, pero tengo otros canales por si te interesa lo que hago. Mis redes sociales, mi canal de YouTube y mi página web. En estos años como autor, he recibido cientos de mensajes, comentarios y preguntas sobre mi enfoque de la psicología que han enriquecido mi trabajo. Si quieres contactar conmigo directamente, puedes suscribirte en mi página web: www.victoramat.es

¡Hasta que nos crucifiquen, colega!

BIBLIOGRAFÍA

Para escribir este libro, consulté muchas fuentes, aquí te dejo lo que me leí sobre el asunto:

- Andoni Silva, Carlos, *Manual del perfecto estoico* [Autopublicado], 2021.
- Dutton, Kevin, *La sabiduría de los psicópatas*, Barcelona, Ariel, 2020.
- González, Carlos Javier, *Una filosofía de la resistencia*, Barcelona, Destino, 2024.
- Greene, Robert, *Las 48 leyes del poder*, Espasa, 2012.
- Hernández Iglesias, Melissa, *La felicidad más allá del bien y del mal: Hannibal Lecter, héroe nietzscheano*, Hilos de Emociones, 2023.
- Holiday, Ryan, *Vida de los estoicos: El arte de vivir desde Zenón hasta Marco Aurelio*, Reverté, 2021.
- Irvine, William, *El arte de la buena vida. Un camino hacia la alegría estoica*, Barcelona, Paidós, 2019.
- Livraghi, Giancarlo, *El poder de la estupidez*, Crítica, 2010.
- Marco Aurelio, *Meditaciones*, Barcelona, Arpa, 2023.
- Nietzsche, Friedrich. *Así hablaba Zaratustra*, Plutón, 2012.
- Pigliucci, Massimo, *Cómo ser un estoico*, Barcelona, Ariel, 2018.
- Rosende, Daniel, *Filosofía para bípedos sin plumas: Un repaso gamberro de Tales de Mileto a Hannah Arendt*, Barcelona, Martínez Roca, 2019.